EDITOR'S LETTER

우리나라의 역사와 문화를 생각했을 때 가장 먼저 떠오르는 곳, 전주. 전주는 우리가 아는 식문화뿐만 아니라 예술, 의복, 독서 등 다양한 분야의 문화가 지켜지고, 만들어지는 지역입니다.

그림을 그리는 사람들, 한복을 입은 사람들 그리고 전통을 계승하기 위해 노력하는 사람들까지. 전주는 공간만 있는 것이 아닌 그 공간과 문화를 가꾸고, 채워 넣으려는 사람들이 있습니다.

전통과 문화를 지키면서 자신들의 방식으로 전주를 만들어가는 사람들, 전주를 사랑하는 수많은 사람이 있기에 전주의 문화는 우리나라를 넘어 세계적으로 사랑받고 있습니다.

<트립풀 전주>는 만들어진 문화 위에 새로운 문화를 덧입히는 사람들의 모습과 공간을 담고자 노력했습니다. 예술가들이 모인 마을, 각각의 큐레이션을 갖춘 도서관들, 문화생활을 즐기기 좋은 카페와 갤러리, 그리고 힐링이 있는 공간까지. 알고 있었지만, 또 새로운 모습을 보여주는 공간 한곳 한곳을 이 책에 담았습니다.

다양한 시각, 다양한 사람들을 만나 한 페이지, 한 페이지 채워 넣은 <트립풀 전주>를 통해 여행 순간순간의 낯섦이 즐거움으로 이어지길 바라봅니다.

황정윤

CONTENTS

Issue
No.24
JEONJU

—

DEOKJIN
WANSAN

———

WRITER
이지앤북스 편집팀

찻잎을 따는 눈썰미로 글을 고르고, 천천히 그에 맞는 무게와 양감, 표정과 자세를 지어낸다. 다작하지 못하고, 당장의 이익이 크지는 않더라도 권권이 좋은 책을, 내일 부끄럽지 않은 책을 만들어가고 있다.

Tripful = Trip + Full of
트립풀은 '여행'을 의미하는 트립TRIP이란 단어에 '~이 가득한'이란 뜻의 접미사 풀-FUL을 붙여 만든 합성어입니다. 낯선 여행지를 새롭게 알아가고 더 가까이 다가갈 수 있도록 도와주는 여행책입니다.

※ 책에 나오는 지명, 인명은 외래어 표기법 및 통용 표현을 따르되 경우에 따라 발음에 가깝게 표기했습니다.

※ 잘못 만들어진 책은 구입한 곳에서 교환해 드립니다.

PREVIEW :
ABOUT JEONJU

010 SETOUT IN JEONJU
전주의 차림 문화

10

014 ART IN JEONJU
예술가들의 도시, 전주

018 NET ZERO
넷 제로, 공간 재생

022 WHERE YOU'RE GOING

SPECIAL PLACES

026 BOOK CURATION
책을 향유하는 시간, 책 취향을 찾아

034 HEALING PLACES
쉼이 있는 시간, 전주 힐링 플레이스

SPOTS TO GO

040 [THEME] JEONJU HANOK VILLAGE
미(美)각적인 마을, 전주한옥마을

41

050 THE OLD CITY CENTER
한옥마을을 감싸고 있는, 원도심

058 NEW TOWN & INNOVATION CITY
문화가 함께하는 곳, 신시가지 & 혁신도시

060 DEOKJIN
도심 속 힐링, 덕진 일대

EAT UP

064 SPACE REGENERATION CAFE
전주의 과거를 담고, 공간 재생 카페

066 GALLERY CAFE
카페가 작품이 되는 공간

068 CAFE IN JEONJU
감각적인 전주의 카페

072 DESSERT & BAKERY
달콤한 여행, 디저트 & 베이커리

076 BEER & MAKGEOLLI
로컬의 밤 속으로, 가맥집 & 막걸리골목

078 **BAR & PUB**
밤이 매력적으로 변하는 시간, 바 & 펍

100 **LOCAL MARKET**
로컬의 일상을 만나는 시간

102 **SOUVENIR & FOOD ITEM**
전주 기념품

79

PLACES TO STAY

104 **HANOK STAY**
한국의 감성, 한옥 숙소

105

080 **[SPECIAL] JEONJU LOCAL FOOD**
추천! 전주 로컬 푸드

082 **TASTY JEONJU**
전주를 맛보는 시간, 전주 음식

086 **JEONJU KONGNAMUL GUKBAP**
콩나물국밥, 어디서 먹을까?

087 **JEONJU HANJEONGSIK**
푸짐한 한상차림, 전주 한정식

088 **LOCAL RECOMMENDATION**
로컬도 반한 맛집

092 **VEGAN**
건강한 한 끼, 비건 식당 & 카페

PLAN YOUR TRIP

108 **TRAVELER'S NOTE & CHECK LIST**
여행 전 알아 두면 좋은 것들

110 **SEASON CALENDAR**
언제 떠날까?

111 **FESTIVAL**
이색적인 축제가 한가득

112 **TRANSPORTATION**
전주 교통

LIFESTYLE & SHOPPING

096 **SELECT & SOUVENIR SHOP**
전주를 기념하기 위한 편집숍 & 기념품 숍

MAP

113 지도

PREVIEW: ABOUT JEONJU

오랜 문화와 역사를 바탕으로 자신만의 색을 덧입혀 가는 전주.
화려한 도시의 모습은 물론 전통과 옛 모습을 들여다볼 수 있는
전주의 어제와 오늘을 살펴보자.

01

SETOUT IN JEONJU : 전주의 차림 문화

02

ART IN JEONJU : 예술가들의 도시, 전주

03

NET ZERO : 넷 제로 공간 재생

궁

PREVIEW

SETOUT
IN JEONJU

전주의 차림 문화

전주의 문화에는 그곳만의 독특한 무언가가 존재한다. 음식, 의복, 심지어 도로 위 걷는 길까지. 하나부터 열까지 전주를 방문하는 손님들을 위해 잘 차려진 모습을 볼 수 있다. 독자적인 문화를 가진 전주는 이제 그 문화를 발전시켜 사람들을 불러 모으고 있다. 음식부터 걷는 길까지 한껏 차려진 전주를 경험할 시간이다.

경기전

음식, 의복, 심지어 도로 위 걷는 길까지.
전주의 문화에는 그곳만의 독특한
무언가가 존재한다.

Tripful — PREVIEW

첫마중길

#가장 한국적인 도시, 전주
견훤이 후백제를 건국하며 도읍으로 삼았고, 태조가 조선을 건국하면서 왕조의 뿌리가 된 전주. 일제 강점기에는 풍남동과 교동 일대에 걸쳐 700여 채의 한옥으로 이뤄진 전주 한옥마을이 만들어지면서 지금까지 전통 가옥 양식을 그대로 간직하고 있다. 한옥마을 내 경기전에는 유일하게 현존하는 태조 어진을 비롯해 이성계가 황산대첩에서 승리한 후 쉬어 갔다던 오목대와 이목대 등이 그대로 보존되어 있다. 오래전부터 이어져 온 뿌리가 잘 지켜지면서 한국적인 도시하면 가장 먼저 전주가 떠오르게 됐다. 이처럼 다른 지역보다 과거의 흔적을 살펴볼 수 있는 곳이 많아지면서 우리나라 전통 의상인 한복 또한 전주에서 각광받기 시작했다. 한복을 만드는 장인들도 많이 모여 있으며, 한복을 입고 돌아다녀도 전혀 이상하지 않을 만큼 이제 많은 사람이 한복을 입고 전주를 누비고 있다. 전주를 방문해 가장 한국적인 도시에서 가장 한국적인 의상인 한복을 차려입고 전주 과거의 한 역사 속으로 들어가 보길 바란다.

#역사가 인정한 한상차림
전주의 음식은 맛뿐만 아니라 가짓수로도 시선을 사로잡는다. 조선 말기 1884년 전주를 방문한 조선 주재 미국 대리공사 조지 클레이튼 포크의 일기 내용에는 전라감영에서 모두 8번의 음식을 대접 받았다고 적혀있다. 그의 일기에 "둥글고 작은 접시에는 10명도 먹을 수 있을 만큼 음식이 쌓여 있었다. 나에게 실로 환상적인 날이다. 이곳 감영은 작은 왕국"이라고 쓰여 있을 만큼 전주는 음식이 화려하고, 성대하게 차려지는 걸 알 수 있는 대목이다. 이처럼 예부터 한 상 가득 차려 나오는 전주 음식들은 지금까지 그 맥이 이어져 내려오고 있다. '전주사불여'라 하여 벼슬아치가 구실아치만 못하고, 구실아치가 기생만 못하고, 기생이 소리만 못하고, 소리가 음식만 못하더라는 말이 있을 정도이니 음식의 맛이 뛰어나다는 건 역사가 인정하는 부분이다. 2012년에는 콜롬비아 포파얀, 중국 칭다오, 스웨덴 외스테르순드에 이어 국내 최초 유네스코 음식창의도시로 선정되면서 세계가 인정하는 명실상부 음식의 고장이 되었다. 이처럼 한 상에 맛과 멋, 인심, 그리고 역사가 들어있는 전주의 상차림은 국내 여행객뿐만 아니라 세계인들을 사로잡기 충분하다.

#여행자들의 첫마중길
전주역에 내리면 가장 먼저 보이는 길인 첫마중길. 여행자들을 환영하는 길이자 시민들의 쉼터가 되어주는 곳으로 여행의 시작을 기분 좋게 만들어주기 충분한 길이다. 전주는 첫마중길 외에도 여행자를 위한 특별한 도서관인 여행자도서관과 전주동물원, 한옥마을, 국립전주박물관을 경유하는 999번 빨간 버스 등 여행자들이 좀 더 편하고 알차게 여행하길 바라는 마음이 곳곳에 들어가 있다. 여행의 발이 되어줄 대중교통을 타고 전주가 만들어 둔 여행지 곳곳을 누벼보자.

한국집

●●
섬세함, 정성, 신선한 식재료가
궁중 음식의 밑바탕이라고
생각합니다.

PROFILE

Yu Inja
유인자

Ⓙ 궁 명인

궁
전주시 완산구 천잠로 337
063-227-0844
Ⓜ Map → 2-R1

'궁'에 대해 소개 부탁드립니다.
저희 집안 전통 비법을 살려 '궁중 음식'과 '전주전통음식'을 결합한 음식을 선보이는 곳이에요. 저는 본래 군산에서 태어났는데 전주로 시집을 오게 되었습니다. 4대가 함께 사는 대가족의 일원으로 시어머니께 음식을 배웠어요. 또 저희 시아버님의 철학이 무조건 식재료는 최상 품질의 것만 써야 한다고 생각하셨어요. 그 영향을 받아 '궁'은 음식을 만들 때 식재료를 고르는 것에서부터 정성이 시작한다는 믿음으로 음식을 만들어요. 음식을 준비할 때뿐만이 아니라 식재료의 신선함과 품질을 깐깐하게 고르는 과정에서부터 정성이 들어가야 맛있는 음식이 나온다고 생각합니다.

정확히 어떤 음식이 '궁중 음식'인가요?
조선 시대 반가의 음식이 궁으로 들어가면서 자연스레 궁중 음식이라는 것이 생겨났습니다. 사실 궁중 음식을 명확하게 정의 내리는 것은 어려워요. 섬세함, 정성, 신선한 식재료가 궁중 음식의 밑바탕이라고 생각합니다. 조선 시대의 궁녀는 13세에 입궁하고 15~20년이 지나야 상궁이 될 수 있었다고 해요. 오랜 시간 동안 조리 기술을 익히고 섬세하게 갈고닦아야 했던 거죠. 이 섬세한 기술이 궁중 음식의 첫 번째 조건이에요. 두 번째는 역시 정성입니다. 조선 시대의 임금님에게 받칠 음식이니 얼마나 정성을 기울였겠어요. 궁중 음식을 할 때는 정말 정성을 다해야 해요. 마지막은 신선한 식재료입니다. 궁중 음식은 조선 팔도에서 고르고 골라 엄선한 식재료로 만들어졌거든요.

전주는 맛의 도시로 유명합니다. 전주가 맛의 도시로 발전한 이유가 무엇일까요?
두 가지 이유가 있다고 생각해요. 첫째로, 전주의 지역적 특성이 있어요. 전주는 산과 들과 강이 모두 가깝죠. 그러다 보니 다양한 식재료를 쉽게 구할 수 있어요. 앞서, 궁중 음식의 세 번째 요소가 신선한 식재료라고 했는데, 전주에서는 다양하고 신선한 식재료를 구하는 것이 다른 지역에 비해 용이해요. 두 번째 이유는 문화적 특성이라고 할까요. 전주는 알다시피 양반 가문의 전통이 아직도 많이 남아있어요. 양반 가문의 특징 중 하나가 자기 집안만의 고유한 음식 비법이 있다는 것이지요. 이런 비법이 집안 대대로 전해져 내려온답니다. 저희 집도 마찬가지였고요. 이런 이유가 전주를 맛의 도시로 만든 게 아닐까 싶어요.

'궁'의 '한상차림' 문화에 대해 조금 더 말씀해 주시면 감사하겠습니다.
'궁'의 특징 중 하나가 각 방에 들어가는 음식의 조리 타이밍이 다르다는 것이에요. 미리 만들어놓고 때 되면 내보내는 것이 아니라 손님들이 가장 맛있게 먹을 수 있도록 직전에 조리합니다. 그래서 '궁'의 차림상은 일종의 코스 요리에요. 본래 전통적인 '차림상'은 말 그대로 음식을 한가득 한 번에 차려 내는 것인데, 손님들이 음식을 가장 맛있게 드시려면 제때제때 조리해서 코스로 선보이는 것이 좋다고 생각합니다.
제 개인적으로는 '한 상을 차리는 것'이 일종의 성취감으로 다가옵니다. '한상차림'을 위한 메뉴를 고민하고 연구하고, 그 과정에서 성취감을 느낍니다.

사람들이 궁중 음식을 먹을 때 바라시는 것이 있을까요?
무조건 맛있게 먹는 것이죠. 정성을 다해 만든 음식을 맛있게 먹어주는 것이 저에게는 가장 큰 기쁨이고 보람입니다. 또 실제로 그렇게 될 수 있도록 늘 노력하고 있어요. 한 가지 바람이 더 있다면, '궁'이라는 공간 자체가 손님들에게 특별한 날을 기념할 수 있는 분위기를 만들어 줄 수 있는 곳이었으면 좋겠어요.

한국을 넘어 세계에 한복의 아름다움을 알리고자 노력하고 있습니다.

PROFILE

Hwang Leesle
황이슬

ⓙ 리슬 대표

리슬
전주시 덕진구 동부대로 687
070-4219-2293
Ⓜ Map → 4-S2

'리슬'에 대한 간략한 소개 부탁드립니다. '오, 한복한 인생'이라는 캐치프레이즈가 인상 깊습니다.
리슬은 제 이름(황이슬)을 딴 모던 한복 브랜드예요. 한복을 직접 디자인하고 생산합니다. 리슬이 가장 중요하게 생각하는 것은 옷을 입었을 때의 기분입니다. '오 한복한 인생'이라는 캐치프레이즈 역시 저희가 만든 옷을 입고 행복하시길 바라는 마음을 담아 '한복'과 '행복하다'를 결합해 만들었습니다. '오'는 한복도 이렇게 편하고 예쁠 수 있다는 신선한 충격을 받기 바라는 마음을 담은 것이고요. 한국을 넘어 세계에 한복의 아름다움을 알리고자 노력하고 있습니다.

모던 한복 브랜드라고 말씀하셨는데, 일반적으로 알려져 있는 생활 한복, 개량 한복 등과 모던 한복은 어떤 차이가 있는 걸까요?
개량 한복이라는 단어는 사실 1990년대에 만들어진 단어인데, '우리 옷 입기' 운동의 일환으로 쓰이기 시작했습니다. 그러다가 '개량'이라는 단어가 마치 한복을 '고쳐야 하는 대상'으로 인식하게 만든다는 우려가 나오면서 '생활 한복'이라는 단어로 순화하였죠. 개량 한복이나 생활 한복이나 기본적으로 소재와 디자인 측면에서 전통적 방식을 고수합니다. 그러다 보니 앞으로 현대적인 관점에서 불편한 점이 있을 수 있고, 결과적으로 현재는 주로 '예복'으로 쓰이고 있습니다.
리슬이 추구하는 모던 한복은 이런 제한적인 쓰임에서 벗어나 일상에서도 자연스럽게 입을 수 있는 현대화된 한복입니다. 패셔너블하면서도 세탁이 손쉬운 한복을 추구합니다. 이를 위해 다양한 신소재를 활용하고 있고요.

리슬교과서를 통해 '고름 예쁘게 매는 법', '댕기 묶는 법' 등을 널리 알리고 계십니다. 리슬이 추구하는 현대적 옷차림 문화에 대해 더 말씀해 주실 수 있으신가요?
기존의 옷차림을 TPO에 맞는 Dress Up이라고 한다면, 현대적 차림 문화는 Mix Things Up이 관건이라고 생각합니다. 과거에는 옷을 차려입는다는 것이 의례와 같은 특수한 상황에 요구되는 것이었고, 그러다 보니 규칙을 대단히 중시했습니다. 그러나 현대적 옷차림 문화는 기본적으로 일상에서 입는 것을 전제로 합니다. 그렇기 때문에 정해진 규칙이 없습니다. No Rule Is Rule인 거죠.
리슬은 리슬교과서를 통해서 전통적인 복식을 현대화하고 있는데요, 가장 중요하게 생각하는 점은 무엇보다 '편의성'입니다. 일단 옷은 입으시는 분께서 편하게 생각하고 친숙하게 느껴야 하거든요. 그래서 현대적인 니즈에 맞춰 콘텐츠를 만들고 있어요. 예를 들자면, 여행 갈 때 한복을 챙기시는 분들을 위해 캐리어에 한복을 싸는 방법 같은 것이요.

개인적으로 전주에 대해 가장 좋아하는 점은 무엇일까요?
저는 개인적으로 전주 특유의 '안빈낙도'하는 분위기를 좋아해요. 제가 나고 자라면서 본 전주 사람들은 마음이 잔잔한 경우가 대단히 많아요. 이런 환경 속에서 주어진 것에 만족하고 최선을 다하는 자세가 몸에 밴 것 같아요. 저도 처음에는 전주를 벗어나 서울에서 꿈을 펼쳐보고 싶은 생각도 했었죠. 왠지 그곳에 기회가 더 많을 것 같았거든요.
그런데 사실은 그렇지 않아요. 리슬이라는 꿈을 펼쳐나가기 시작하면서 감사하게도 많은 브랜드와 콜라보를 하게 되었어요. 그리고 이렇게 콜라보를 하는 과정에서 제가 전주에 있다는 것, 리슬이 전주를 거점으로 삼고 있다는 것은 아무런 장애가 되지 않아요. 요즘은 화상으로도 다 만날 수 있는 시대니까요. 이렇게 주어진 것에 만족하고 열심히 하는 자세는 전주 특유의 문화에서 비롯된 것이 아닐까 해요.

전주를 방문할 예정인 분들이 어떻게 하면 '한복한' 전주 여행을 할 수 있을까요?
천천히 즐겨야 합니다. 전주의 진짜 매력을 느끼시려면 천천히 즐기셔야 해요. 차로 가기 어려운 골목골목을 여유 있게 돌아보다 보면 예상치 못한 전주의 매력을 만나는 우연함을 경험하실 거라 생각해요. 그리고 전주는 현대적인 멋과 전통적인 멋이 공존하는 곳이에요. 전북대 앞에 젊은 사람들이 모이는 곳은 한옥마을과 또 다른 멋을 느낄 수 있습니다.

향유갤러리

PREVIEW

ART
IN JEONJU

학산숲속시집도서관

예술가들의 도시, 전주

오래전부터 예술가들이 모여들면서 자연스레 도시 전체가 예술로 물든 곳, 전주. 예술의 도시 전주는 전 세계 수많은 예술가를 불러들이고 있다. 음악, 미술, 사진, 책 등 다양한 예술이 숨 쉬는 전주는 새로운 문화, 새로운 예술을 또다시 만들어가고 있다.

전주목판서화관

#문화 예술의 고장

조선 후기 대사습놀이가 열렸던 소리의 고장인 전주. 판소리, 기악, 농악, 민요 등 한국 전통예술을 펼치는 놀이마당인 대사습놀이의 시초인 곳이다. 전주대사습은 1910년을 전후로 점점 사라져갔지만, 1974년 전주의 전통예술을 사랑하는 인사들이 모여 놀이를 부활시켜 1975년 첫 대회가 개최되었다. 또한, 한지의 본가이며, 조선 후기 전주에서 출판한 방각본인 완판본과 함께 출판문화를 주도했던 기록문화의 도시이다. 이처럼 전주는 오래전부터 문화 예술을 사랑한 도시이자 예술가들이 사랑한 도시였다.

음악, 미술, 사진, 책 등 다양한 예술이 숨 쉬는 전주는 전 세계 수많은 예술가를 불러들이고 있다.

#출판문화의 도시

책하면 떠오르는 도시 전주에는 여러 독립서점과 도서관들이 있다. 과거 완판본의 고장답게 인쇄 거리와 더불어 많은 책방이 골목골목 자리 잡고 있다. 특히 동문예술거리에는 소설가 최명희, 양귀자, 은희경 등의 작가들이 책을 사서 보며 작가의 꿈을 키웠다. 최근에는 1인 출판사와 독립책방, 각각의 큐레이션을 갖춘 도서관들이 전주 곳곳에 자리 잡으며 대형 서점과는 차별화한 개성을 갖춘 실험적인 독서 문화를 만들어 가고 있다. 이처럼 책을 사랑하는 사람뿐만 아니라 여행자들에게도 책을 가까이 접할 수 있는 기회를 주고 있다.

자만벽화마을

책방카프카

#거리로 나온 예술

전주에서는 미술관, 박물관 외에도 거리를 무대로 하는 예술을 쉽게 접할 수 있다. 서학동예술마을에서는 사진가, 화가, 음악가 등 여러 분야의 예술가들이 자신만의 개성과 색을 드러내며 작품 활동을 하고 있으며, 거리에서는 다양한 작품들을 볼 수 있다. 자만벽화마을에서도 2020 전주 벽화 트리엔날레 공모전을 진행하며 다채로운 벽화들로 채워지면서 이야기가 깃든 벽화들을 만날 수 있게 됐다. 전주의 거리 곳곳은 문화 예술적 영감을 주고받는 장이 되고 있다.

살림책방

PROFILE

Shin Yoojin

신유진

ⓙ 작가

••

공연이나 전시 같은 문화 활동이
활발한 곳으로 오고 싶었어요.
그렇게 전주에 오게 되었습니다.

소개 부탁드리겠습니다.
저는 글을 쓰고 번역을 하는 신유진입니다. 20대부터 프랑스 파리에서 거주하면서 연극을 공부했어요. 오랜 해외 생활을 정리하고 전주에 온 지는 이제 2년 정도 되었습니다. 본래 익산이 제 고향이에요. 한국으로 돌아오면서 고향과 가깝고, 공연이나 전시 같은 문화 활동이 활발한 곳으로 오고 싶었어요. 그렇게 전주에 오게 되었는데, 막상 오고 나니 코로나바이러스로 인해 문화 활동을 아직 많이 즐기지는 못했네요.

아쉬우셨겠어요. 어떤 식으로 갈증을 채우시나요? 그리고 이제 사회적 거리두기도 계속 완화되는 추세인데, 특별히 계획하고 계신 것이 있을까요?
제가 가장 많이 하는 문화생활은 앞을 산책하는 것이라고 해야 할 것 같아요. 조금 단순하죠? 저는 늘 아침에 일어나면 1시간 정도 기지제 수변 공원을 산책해요. 매일 같은 길을요. 매일 같은 길을 걸어도 마음을 열고 이 풍경의 일부가 되고자 한다면 매일매일 다른 것이 나에게 찾아온다는 생각이 들어요. 한옥마을도 종종 가요. 한옥마을 안에 있는 카페도 자주 가고, 동네서점도 자주 갑니다. '잘 익은 언어'과 '살림책방'을 자주 가는데요. 두 곳 모두 사랑방같이 편안한 곳입니다. 종종 글쓰기 수업이나 북 토크 같은 것도 진행하고요. 사회적 거리두기 완화 이후로 제가 가장 기대하고 있는 건 영화제예요. 전주가 원래 영화의 도시로 유명하잖아요. 저는 파리에 있을 때도 단편영화제에서 통역을 했었거든요. 그만큼 영화가 좋아요. 영화제에 꼭 가보고 싶네요.

혹시 파리와 전주가 비슷한 점이 있다면 무엇일까요?
아무래도 식문화인 것 같아요. 전주도 맛의 도시로 유명하고, 파리도 식문화로 유명하고요. 무엇보다 두 도시의 식문화가 발전한 계기가 비슷하다는 생각이 들어요. 파리 같은 경우도 혁명 이후 귀족들이 몰락하면서 식문화가 발전하게 되었다고 하거든요. 몰락 귀족이 나타나면서 그들 밑에 있던 많은 요리사가 시장에 나오게 되었고, 자연스레 식문화가 발전하게 된 것이지요. 전주도 비슷하다고 생각해요. 그래서인지 전주는 어느 식당을 가도 진짜 평균 이상으로 맛있어요. 식당의 평균적인 수준이 높다고 할 수 있죠. 일전에 기회가 되어 조선 시대 복원 요리를 먹어본 적이 있어요. 대단히 정갈하고 깔끔한 맛이었어요. 이런 요리를 맛볼 수 있다는 것도 전주의 매력이라고 할 수 있겠네요.

전주에서 가장 좋아하는 곳은 어디인가요? 그리고 전주에 오는 분들이 전주를 어떻게 즐기면 좋을까요?
제가 가장 좋아하는 곳은 모악산이에요. 전주 시내에서는 조금 멀지만, 모악산 둘레길을 걷는 것을 참 좋아합니다. 모악산 둘레길을 걷고 있으면 말 그대로 재충전 되는 것을 느껴요. 여행을 갔다 오거나 멀리 다녀온 뒤 모악산을 가면 지친 것이 다시 채워지거든요. 그 밖에는 역시 저의 아침 산책길이지요.

살림책방

간단한 소개 부탁드립니다.
전주에서 일러스트레이터로 활동하고 있는 박성민입니다. 전주에서 태어나고 자란 전주 토박이로 애니메이션과 미술 교육을 전공했습니다. 저는 서울 인사동을 좋아했어요. 한창 인사동을 자주 갈 무렵에 전주에서도 한옥마을이 각광받기 시작했거든요. 인사동에 가면 포스터나 엽서 같은 관광 상품이 정말 많잖아요. 전주한옥마을에도 개성을 살린 굿즈가 많아졌으면 좋겠다는 생각을 했고, 제가 할 수 있는 일을 해보기로 했어요. 그렇게 지금까지 전주를 모티브로 한 엽서나 포스터 등 굿즈를 만들고 있습니다.

남부시장 청년몰에 자리 잡으신 이유가 무엇인가요?
제가 주로 작업하는 남부시장 청년몰은 대단히 매력적인 곳이에요. 전주 사람들에게도 인기가 많지만, 여행객들도 굉장히 많이 오고, 외국인도 자주 방문합니다. 그리고 매체에도 종종 다뤄지고요. 그렇다 보니 제가 작업한 결과물을 대중에게 선보이기에 최적의 환경이에요. 대중의 반응을 바로 곁에서 관찰할 수 있거든요. 특히 여행객 같은 경우는 계절이나 날씨에 따라 선호하는 감성이 달라요. 이런 것들을 옆에서 지켜볼 수 있죠. 그리고 청년몰은 기본적으로 상생의 공간이에요. 이 공간에 함께 자리하고 계신 분들과 경쟁을 한다기보다는 서로 도울 수 있는 걸 도우려고 하는 문화거든요. 그러다 보니 경쟁하기보다는 저만의 속도로 작업에 집중할 수 있어요.

작가님 일러스트는 디지털과 아날로그의 경계가 느껴지지 않는 점이 매력적인 것 같아요. 일부러 의도하신 점인가요?
원래는 수작업을 고집했어요. 그런데 수작업이 아쉬운 점이 인쇄를 하면서 훼손이 되기 때문에 원본을 100% 살리기가 어려워요. 당연히 더 많은 분께 보여드리는 것도 한계가 있고요.

그리고 제가 중고등학교에 출강도 하고 있어요. 요즘은 어린 친구들도 모두 태블릿 PC를 갖고 있더라고요. 그런 점을 고려해서 디지털 작업을 시작했어요. 다만, 디지털 작업일지라도 수작업의 느낌이 그대로 살아 있도록, 말씀하신 대로 디지털과 아날로그의 경계가 느껴지지 않도록 최선을 다하고 있습니다.

작가님이 생각하시는 전주의 매력은 무엇인지 궁금합니다.
전주는 사실 고층 빌딩이 많지 않아요. 그래서 조금만 높은 곳을 올라가도 도시를 파노라마처럼 둘러볼 수 있거든요. 큰 매력이라고 생각합니다. 또 이렇게 높은 곳에서 바라보는 스카이라인이 다른 곳과는 다르게 직선과 한옥마을의 곡선이 섞여 있는 점도 매력적이고요.
전주의 또 다른 매력은 굉장히 빠르게 발전하고 있다는 거예요. 지난 10년간 전주가 어떻게 변화했고 발전했는지 쭉 살펴볼 수 있었는데요, 도시 규모가 아주 크지 않음에도 불구하고 굉장히 빠르게 변한다는 느낌을 받았어요. 실제로 유행에 민감한 사람들도 많고요. 이렇게 빠르게 변화하면서 과거의 것들을 잃지 않고 현재와 과거가 잘 어우러져 있는 모습도 전주만의 특색이라고 할 수 있을 것 같습니다.

전주를 여행하시는 분들께 추천하고 싶은 작가님의 숨겨진 장소가 있으실까요?
여기 청년몰 바로 앞 전주천을 넘어가면, 초록바위라는 곳이 있어요. 그곳에 올라가면 탁 트인 시야로 전주를 내려다볼 수 있습니다. 한옥마을이 바로 눈앞에 펼쳐지기 때문에 다른 도시에서 보던 스카이라인과는 조금 다른 풍경을 보실 수 있을 거예요. 새로운 시야를 경험하게 된다고 할까요. 제가 전주만의 정취를 느끼고 싶을 때 자주 가는 곳이에요.

PROFILE

Park Sungmin

박성민

Ⓙ 작가

감성민작화실
전주시 완산구 풍남문2길 53
@sensitive_minute
Ⓜ Map → 3-S11

"전주한옥마을에도 개성을 살린 굿즈가 많아졌으면 좋겠다는 생각을 했고, 제가 할 수 있는 일을 해보기로 했어요."

017

브리꼴라주

(PREVIEW)

NET ZERO

넷 제로, 공간 재생

뚜벅이 여행, 텀블러 사용 등 환경을 생각하며 여행을 하는 사람들이 늘어나고 있다. 최근 전주에서는 이처럼 탄소중립을 위해 일회용품 사용 줄이기뿐만 아니라 잊힌 공간에 새로운 숨을 불어 넣어 공간을 재생하고 있다. 재생된 공간은 환경을 넘어 하나의 여행지로 자리 잡고 있으며, 제로 웨이스트 숍은 환경 여행의 필수 코스가 되었다.

최근 전주에서는 탄소중립을 위해 일회용품 사용 줄이기뿐만 아니라 잊힌 공간에 새로운 숨을 불어 넣어 공간을 재생하고 있다.

#제로 플라스틱

환경을 생각하며 전 세계적으로 제로 플라스틱 운동이 활발해지고 있다. 특히 대도시를 가면 만나볼 수 있는 제로 웨이스트 숍. 일상생활에서 사용되는 자원과 제품을 재활용할 수 있도록 친환경 제품을 판매하고, 불필요한 사용을 최소화한다. 전주에도 이러한 숍들이 문을 열고 있으며, 카페 곳곳에서도 이러한 움직임에 동참하고 있다. 객리단길에서는 'TURN블러'라고 컵을 카페에 다시 반납하는 다회성 공유컵 운동도 진행되고 있다. 앞으로 전주는 제로 플라스틱 운동이 점차 확산될 것으로 예상된다.

#과거의 흔적

공간은 저마다 각자의 이야기를 가지고 있다. 기능이 다해 버려진 공간이 새로운 이야기를 품고 다시 탄생한다면 다른 곳보다 더 많은 이야기를 가지고 있을 터. 그 과거를 들여다보면 전주의 또 다른 이야기를 마주할 수 있다. 1910년대에 지어진 한옥부터 목욕탕, 오래된 주택, 정미소까지 새로운 목적을 가지고 다시 태어난 공간들이 어떤 이야기를 가지고 있는지 주인장에게 물어보는 것은 여행의 재미를 한 층 더 올리는 법이다. 이제 과거 전주의 이야기를 따라 여행을 떠나보자.

기린토월

#하나의 역할을 넘은 공간 재생

전주의 공간 재생은 문화와 역사, 환경을 지키는 또 하나의 방법. 전주한옥마을에 모여 있는 한옥들은 버려지지 않고 책방, 카페, 식당, 숙소로 변신해 사람들을 불러 모으고 있다. 로컬 사람들이 자주 찾아갔던 목욕탕은 카페이자 미술관으로 변했으며, 카세트테이프를 만들던 공장은 복합문화예술공간으로 재탄생해 전주의 문화와 예술을 향유할 수 있는 곳으로 바뀌었다. 이처럼 공간을 개조한 곳들은 하나의 역할을 넘어 그 자체로 전주의 문화이자 역사를 지키고 발전시키는 공간으로 자리매김하고 있다.

> 조금씩 줄여나가는 것부터 해도 괜찮다는 관대함을 가지셨으면 좋겠어요.

PROFILE

Seo Neul

서늘

ⓙ 늘미곡 대표

늘미곡
전주시 완산구 선너머로 16
070-4240-0225
@neulmigok
ⓜ Map → 3-S1

늘미곡에 대한 소개 부탁드립니다.
늘미곡은 전주 최초의 제로 웨이스트 숍입니다. 친환경 상품을 판매하기도 하지만 출발은 잡곡을 소분해서 판매하는 가게였어요. 사실 저희 어머니께서 여기 맞은편에서 쌀을 판매하시거든요. 어렸을 때부터 어머니를 도와드렸던 경험과 친환경 관련 일을 해보고 싶다는 의지 그리고 1인 가구가 점점 늘어나고 있는 트렌드 등을 고려해서 잡곡을 소분해서 판매하는 것부터 시작했어요.
다른 상품을 판매할 계획은 원래 없었어요. 그런데 늘미곡을 자주 찾아주시는 분들께서 이런 친환경 상품이 있으면 좋겠다, 저런 것도 있으면 좋겠다 하는 제안들을 주셨고, 제안 주신 상품을 하나씩 들이기 시작했습니다. 이렇게 보면 늘미곡은 제가 혼자 만든 것이 아니라 찾아주시는 분들과 함께 만들어 나간 셈이죠.

제로 웨이스트에 관심을 갖게 된 계기에 대해 말씀해 주세요.
저는 원래 환경 관련한 일을 했었어요. 대기환경기사였습니다. 자격증도 땄고요. 환경과 관련한 일을 하면서 환경오염 실태 등을 직접 제 눈으로 보게 되면서 친환경 이슈에 점점 관심을 갖게 되었어요. 처음에는 '제로 웨이스트'라는 개념을 엄격하게 생각하면서 늘미곡을 만든 것은 아니에요. 앞서 말했듯 이런저런 것들을 고려해 잡곡을 소분해서 팔면 좋겠다고 생각했었죠.

늘미곡에서 유통하는 서리태 등 잡곡에 대해 말씀해 주세요.
늘미곡에서 유통하는 곡물 대부분은 호남평야에서 생산된 잡곡이에요. 일부는 전남평야에서 재배된 것들도 있고요. 친환경 곡물이라고 하면 가끔 유기농 상품, 무농약 상품을 떠올리는 분들이 계신데, 사실 유기농 상품과 무농약 상품은 매장에서 장기 보관하기가 어려워요. 벌레가 빨리 생기거든요. 그렇지만 유기농, 무농약이 아니라고 해서 농약을 뿌린 잡곡이라고 할 수는 없어요. 식약처에서 잔류농약 검사를 엄격하게 하거든요. 그리고 보리쌀 같은 경우는 농법처럼 자체가 농약을 쓰지 않아요. 무엇보다 요즘은 농가에서 친환경 농약을 다 쓰고 있고요.

제로 웨이스트 문화가 더욱 활성화되기 위해서는 무엇이 필요할까요?
기본적으로 소비자가 제로 웨이스트를 실천하기 쉬운 환경이 조성되어야 해요. 사실 제로 웨이스트에 관심을 갖고 계신 분들은 생각보다 많아요. '늘미곡' 같은 경우도 그 어떤 홍보나 마케팅을 하지 않았거든요. 오로지 입소문을 통해 알게 되고 제로 웨이스트에 대한 관심만으로 찾아주시는 분들이 정말 많으세요. 그리고 이분들이 다 환경전문가는 아니세요. 호기심에서 오시는 분들도 많죠. 제로 웨이스트를 일상생활에서 계속 실천해 나가려면 제로 웨이스트에 대한 진입장벽 자체가 낮아야 해요. 구조적으로 손쉽게 실천할 수 있어야 하는 거죠. 예를 들어, 쓰레기를 버릴 때도 분리배출을 잘해야만 한다고 주장하기 시작하면 제로 웨이스트가 온전히 소비자의 책임이 되고 부담감이 생기는 거죠. 소비자가 제로 웨이스트를 실천하기 쉬운 시스템이 갖춰져야 해요. 그런 면에서 전주 같은 경우는 지자체에서도 제로 웨이스트에 관심이 크고 실천하기 쉬운 환경을 조성하기 위해서 계속 노력하고 있다는 걸 체감하고 있어요.

이제 막 제로 웨이스트와 지속 가능성에 관심을 갖고, 늘미곡을 방문하려는 분들께 전하고 싶으신 말이 있으신가요?
늘미곡에 처음 오시는 분들은 자신감 없어 하세요. 제로 웨이스트를 실천하는 걸 정말 어렵게 느끼고 부담감을 느끼시는 거죠. 그런 부담감은 내려놓으시면 된다는 말씀을 꼭 드리고 싶어요. 너무 어렵게 생각하지 마시고 가벼운 마음으로 차근차근 해나가면 되는 거니까요. 일상적인 소비활동의 측면에서 제로 웨이스트를 달성해야 한다는 엄격함보다는 조금씩 줄여나가는 것부터 해도 괜찮다는 관대함을 가지셨으면 좋겠어요.

색장정미소는 어떤 곳인가요?

색장정미소는 한마디로 복합문화공간이라고 할 수 있어요. 색장정미소가 만들어진 계기를 설명해 드리자면 이 건물은 본래 1920년쯤에 만들어진 정미소였어요. 지금의 색장정미소가 된 지는 벌써 7년이 되었네요. 원래 제 아내가 미술을 했어요. 이 정미소도 사실 스케치를 하려고 방문했습니다. 빛바랜 양철 지붕이 너무 근사했어요. 시간의 흐름이 고스란히 내려앉아 있는 색깔에 매료되어 건물을 사게 되었습니다. 처음에는 전시장처럼 쓰려고 했어요. 미술 교실을 열기도 했고요. 한 분 두 분 오시는 분들이 점점 늘어나다 보니 결국 카페까지 겸하게 되었습니다.

골동품이 굉장히 많네요. 간단히 소개해주실 수 있나요?

여기 있는 골동품들은 대부분 1930년에서 1940년 사이에 만들어진 것들이에요. 제가 하나하나 직접 수집해 모은 것들입니다. 가장 애착이 가는 것을 하나 꼽자면 피아노인데요. 이 피아노는 구한 말 미국의 한 선교사가 가져온 것이라고 해요. 미국 신시내티에서 만들어진 것이라고 하더라고요. 소리는 아직 잘 나지만, 고장 난 건반이 몇 개 있어서 연주는 불가능합니다. 복구해보려고 했는데 1,000만 원도 넘게 들어간다 해서 이렇게 전시만 해두고 있네요. 다른 골동품들도 다 나름의 에피소드가 하나씩 있습니다. 여기 있는 것들의 공통점을 찾아보자면 다들 구하기 여간 어려운 게 아니라는 점입니다. 골동품의 매력은 무엇보다 희소성이니까요.

PROFILE

Lee Euiman
이의만

ⓙ 색장정미소 대표

색장정미소
전주시 완산구 원색장길 2-15
063-272-2460
ⓜ Map → 3-C15

●●

세월이 만든 오래된 느낌을 최대한 자연스럽게 복원하고 싶었거든요.

거의 100여 년 된 건물을 이렇게 탈바꿈시키기까지 많은 어려움이 있었을 것 같습니다.

가장 어려웠던 것은 자재를 구하는 것이었어요. 세월이 만든 오래된 느낌을 최대한 자연스럽게 복원하고 싶었거든요. 사실 지붕 같은 경우는 그냥 인위적으로 색깔을 만들어 내고자 하면 그렇게 할 수 있어요. 그렇지만 그렇게 하고 싶지 않더라고요. 전국 곳곳을 돌아다니면서 자연스럽게 빛바랜 양철 지붕 자재를 찾아다녔어요. 결과적으로 진안에서 60장, 남원에서 130장, 무주에서 65장을 구매해왔습니다. 내부 보수 같은 경우는 문화재보수원을 한 달 동안 설득해야 했고요. 이곳을 둘러싼 돌담 같은 경우도 제가 회문산 면사무소와 협력하면서 다 직접 수집했어요. 색장정미소를 만들면서 힘들었던 것은 시간과의 싸움이었습니다. 단순히 돈으로 해결할 수 없는 부분들이 참 많았거든요. 공사 기간만 3년이 걸렸습니다.

색장정미소를 방문할 예정인 분들이 이곳을 더욱 재미있게 즐기다 갈 수 있는 팁을 준다면?

너무 많지요. 이곳을 방문하는 많은 젊은 친구들이 2층을 그렇게 좋아하더라고요. 색장정미소 2층이 요즘 말로 '인생샷' 찍기 좋다고 입소문이 났나 봐요. 한여름에는 양철지붕의 열을 식히려고 물을 뿌리는데, 그 모습이 제법 운치 있습니다. 그리고 색장정미소의 전체 구도를 한번 보았으면 좋겠어요. '색장'이라는 이름은 사실 이 동네 이름에서 따온 것인데요, 빛이 길게 들어온다는 뜻이라고 합니다. 빛이 길게 들어올 때 색장정미소가 가장 아름다운 것 같아요. 미술 교실도 계속 열리고 있으니 한 번쯤 관심 가져보는 것도 좋을 것 같네요. 또한, 색장정미소 카페 메뉴 중에 자몽 보숭이는 꼭 먹어봐야 하는 메뉴입니다.

WHERE YOU'RE GOING

전주 지역 한눈에 살펴보기

미각적인 도시 전주. 역사가 깃든 장소부터 인생 사진을 남길 수 있는 핫스폿, 문화 예술이 숨 쉬는 공간까지. 전주는 사람마다 공간마다 저마다의 색을 가지고 있다. 자신의 취향에 맞게 여행 계획을 세워보자.

hello JEONJU

A 신시가지 & 혁신도시

전주에서 최근 가장 변화하고 있는 도심. 아파트 대단지들이 모여있어 카페, 식당들이 점점 많이 생겨나고 있다. 전주수목원, 국립전주박물관, 전주역사박물관 등 아이들이 좋아할 만한 곳들도 많다.

Tip. 전주 여행 일정 짜기

전주는 대중교통이 잘 되어 있어 차가 없더라도 여행하기 좋다. 가고 싶은 스폿을 정해 두세 지역을 묶어 여행해보자.

01

BOOK CURATION :
책을 향유하는 시간, 책 취향을 찾아

02

HEALING PLACES :
쉼이 있는 시간, 전주 힐링 플레이스

SPECIAL PLACES

각각의 큐레이션을 갖춘 전주의 도서관과 도심 속 숨어 있는 힐링 플레이스까지.
각자 다른 공간에서 매력을 드러내는 전주의 스페셜한 여행지를 소개한다.

BOOK CURATION

책을 향유하는 시간, 책 취향을 찾아

세상을 다양한 시각에서 볼 수 있는 가장 쉬운 방법이 독서이다. 이러한 세상을 연결해주는 매개체인 도서관과 독립서점이 전주 곳곳에 위치해 있다. 종합 도서관과 차별화된 각각의 큐레이션을 갖춘 전주의 도서관들과 독립서점들은 하나의 문화, 하나의 여행지로 자리매김하고 있다. 전주의 도서관과 독립서점을 찾아 오직 그곳에서만 향유할 수 있는 문화를 만나보자.

LIBRARY IN JEONJU
전주의 도서관

a. 학산숲속시집도서관

맏내호수와 학산이 어우러진 곳에 자리한 시집도서관. 이런 곳에 도서관이 있을까라는 생각을 가지고 걷다 보면 작은 오두막 도서관을 만날 수 있다. 이름에서도 느껴지듯이 시집들이 책장 가득 꽂혀있으며, 시와 관련된 다양한 프로그램이 준비되어 있다. 도서관 내에는 한 편의 글을 뽑아주는 문학자판기도 있어 소소한 행복도 가져다준다. 자연 속에서 시 한 소절과 함께 힐링하는 시간을 가져보길 바란다.

> Ⓐ 전주시 완산구 평화동2가 산81
> Ⓣ 063-714-3525
> Ⓗ 화-일 09:00-18:00 (월요일, 공휴일 휴무)
> Ⓘ @poem_with_haksan
> Ⓜ Map → 3-L4

Tip. 주차장

주차장과 화장실이 도서관 내에 따로 없다. 올라가기 전 전주학산전원교회에 주차를 한 후 걸어 올라가면 된다. 화장실의 경우 주차장 옆에 따로 있다.

Ⓐ 전주시 완산구 평화5길 36-31 Ⓜ Map → 2-T7

INTERVIEW

Kim Hayeong

김하영

ⓙ 학산숲속시집도서관 사서

학산숲속시집도서관에 대해 간략히 소개 부탁드립니다.

학산숲속시집도서관은 2021년 4월 15일에 개관한 신생 도서관입니다. 현재 전주시는 「책이 삶이 되는 책의 도시, 전주」라는 비전을 갖고 여행자들이 사랑하는 인문관광도시가 되기 위해 노력하고 있어요. 이런 노력의 일환으로 동네 특성을 반영하여 개별성을 가진 '특성화 도서관'을 곳곳에 조성하고 있습니다.

그중 학산숲속시집도서관은 시집만을 간직한 시 특화 도서관으로, 전주 평화동 깊은 숲속에서 맘내호수를 내려다보면서 독서와 휴식을 즐길 수 있는 곳입니다. 섬진강 시인으로 잘 알려진 김용택 시인이 명예 관장으로 임명되어 '시인과의 만남' 행사를 진행하기도 했습니다. 소장 장서는 1,860여 권 규모입니다.

학산숲속시집도서관은 숲속에서 호수를 바라볼 수 있는, 말 그대로 자연 한가운데 위치하고 있다는 것 또한 큰 매력인 것 같습니다.

학산숲속시집도서관을 찾아서 올라오는 길에는 맘내호수 위로 떨어지는 은빛 햇살과 상쾌한 공기, 새소리, 눈부신 경관에 감탄이 절로 나옵니다. 이곳을 찾아주시는 분들을 가만히 보면 크게 두 가지 방법으로 도서관을 즐기시는 것 같습니다. 우선은 도서관까지 천천히 걸어 올라오며 오감을 열고 자연을 감상한 뒤, 그 정취를 이어 시를 감상하시는 경우가 있습니다. 또는 반대로 먼저 도서관에서 시를 즐겁게 읽으시고 집으로 돌아가시며 한 편의 시가 전달해준 감상을 자연과 함께 되새겨 보는 경우도 있습니다.

어느 쪽이든 찾아주시는 분들께 좋은 추억으로 남는 것 같습니다. 이렇게 멋진 자연경관 때문인지

학산숲속시집도서관에서 즐길 수 있는 프로그램은 어떤 것이 있나요?

작년에는 '학산숲속시집도서관'이라는 공간을 널리 알리는 데 집중했다면, 올해부터는 시민들이 시를 읽으며 사색하는 연중 프로그램을 마련하여 누구나 '시' 하나의 여유를 마음껏 누려볼 수 있는 기회를 제공하고 있습니다. 매월 '이달의 시인'의 시와 문학자판기의 짧은 시를 만날 수 있고 '시작'이라는 모방 시 쓰기 프로그램으로 나만의 시를 만드는 등 시라는 장르를 더욱 능동적으로 만나볼 수 있는 프로그램이 마련되어 있습니다. 올해 들어 김사인, 이원하, 오은 시인께서 시 해설 프로그램 등을 진행해주셨습니다. 앞으로 유희경, 심보선, 나희덕, 신용목 등 여러 시인과의 만남도 준비되어 있습니다. 그뿐만 아니라, 김정배, 강윤미, 이그러산 재즈트리오 등 다양한 음악 예술인들과 함께 힐링을 위한 프로그램을 기획 중에 있어요.

최근에는 MZ세대 사이에서 인기를 끌며 SNS상에서 핫하다고 알려졌습니다. 월평균 방문객 수도 700여 명을 웃돌고 있습니다. 멋진 포토존도 있으니 전주를 여행하신다면 꼭 한번 들러보시길 추천합니다.

책 여행 도시로서 전주가 어떻게 발전해 나가길 바라시나요?

일상 속에 특별함이라는 순간을 선물하기 위해 전주는 도시 전체에서 책을 즐기며 누릴 수 있도록 특별한 도서관들을 조성하기 위한 노력을 이어 나가고 있습니다. 기존의 정형화된 도서관에서 벗어나 각각 색다른 매력을 지닌 다양한 도서관이 더욱 많아지길 기대합니다. 실제로 아중호수 산책길에 조성되는 아중호수도서관, 동문헌책방도서관, 한옥마을 여행자도서관 등을 조성할 예정이어서 기대가 큽니다.

또한, 도서관과 동네 책방, 독립서점의 연계 프로그램이 활성화되고 있는 것에도 관심 가져주시기 바랍니다. 전주시에는 '책쿵20'이라고 하는 제도도 있는데요, 도서관을 이용할 때마다 포인트가 쌓이고, 이 포인트로 지역 서점에서 도서 구매 시 할인을 받을 수 있습니다. 이 밖에도 도서관과 지역 서점의 상생과 독서생태계 확대를 위해 책방 투어 등 다양한 연계 프로그램을 만들고 있습니다.

개인적으로 무엇보다 생활 속에서 전주를 살아가고, 전주를 방문하는 이들이 조금 더 가볍게, 마음 편히 도서관을 접할 수 있는 전주가 되길 바랍니다.

027

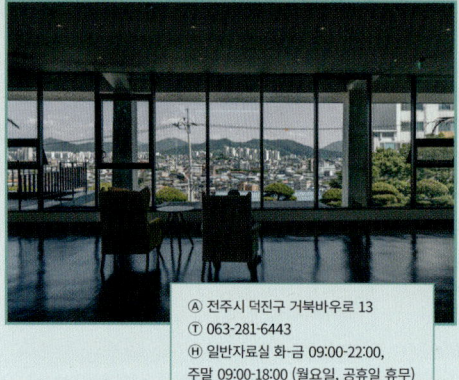

Ⓐ 전주시 덕진구 거북바우로 13
Ⓣ 063-281-6443
Ⓗ 일반자료실 화-금 09:00-22:00,
주말 09:00-18:00 (월요일, 공휴일 휴무)
Ⓜ Map → 4-L3

b. 금암도서관

전주의 원도심이 한눈에 내려다보이는 높은 언덕에 자리한 도서관. 1949년 전북도립도서관으로 개관해 전주 공공도서관 중 가장 오랜 역사를 지니고 있다. 오랜 시간이 지났지만 새롭게 리모델링하면서 복합문화공간으로 탈바꿈했다. 그림을 감상할 수 있는 전시 공간과 도시 전경을 내려다보며 책을 읽을 수 있는 곳 등 다채롭게 공간이 구성되어 있어 이제 하나의 여행 스폿으로 자리 잡고 있다.

c. 다가여행자도서관

일상에서도 여행의 설렘과 감성을 느낄 수 있는 공간이다. 이곳은 여행 관련한 책들이 비치되어 있다. 문을 열고 들어서면 국내부터 해외까지 모든 여행책을 만나볼 수 있어 마치 전주가 아닌 다른 나라에 온 것 같은 느낌이 든다. 여행도서관에 맞게 1층, 2층, 옥상에서 자유롭게 책을 읽을 수 있는 자리가 마련되어 있다. 지하 1층에는 1명 정도 들어갈 수 있는 여행을 설계하고 꿈꿀 수 있는 다가독방도 있다.

Ⓐ 전주시 완산구 전라감영2길 28   Ⓣ 063-714-3526
Ⓗ 화-일 09:00-18:00 (월요일, 공휴일 휴무)   Ⓘ @daga_on_lib   Ⓜ Map → 3-L3

d. 전주시립도서관 꽃심

정숙이라는 단어를 볼 수 없는 도서관. 전북지역 유일하게 학습실이 없는 공공도서관으로 책과 함께 웃으며 뛰어놀 수 있는 놀이터 같은 공간이다. 도서관 내에는 전국 최초 12~16세 트윈세대 전용 독서 공간이자 놀이, 탐구, 체험 혁신 공간인 우주로1216이 있으며, 2022년 국내 최초로 열린 전주국제그림책도서전의 메인 도서관이기도 하다.

Ⓐ 전주시 완산구 백제대로 306   Ⓣ 063-230-1840
Ⓗ 화-금 09:00-22:00, 주말 09:00-18:00 (월요일, 공휴일 휴무)
Ⓘ @lib_jeonju   Ⓜ Map → 3-L1

Plus. 전주국제그림책도서전(JIPF)

2022년 5월 국내에서 최초로 열린 국제그림책도서전. 해외 작가 초청 원화전, 국내 작가 초대전 등의 전시를 비롯해 그림책 작가와의 만남 등 그림책과 관련해 다양한 프로그램이 준비되어 있으며, 세계 각국의 그림책들도 만나볼 수 있다. 전주시립도서관 꽃심과 금암도서관을 중심으로 전주의 여러 도서관과 동네 책방에서 진행된다.

e. 첫마중길여행자도서관

전주역 앞 첫마중길 문화거리에 있는 도서관 겸 휴식 공간. 여행자를 위한 휴식 공간인 여행자 라운지와 영화, 사진집, 화집, 절판본, 일러스트, 팝업북 등이 전시되어 있는 아트북 갤러리 등 여행자가 책을 읽으며 편하게 머무르다 갈 수 있는 곳이다. 옥상정원에는 캠핑 의자와 테이블이 비치되어 있어 이곳에서 독서를 해도 좋다. 기차를 타러 가기 전, 또는 전주에 처음 내렸을 때 첫마중길여행자도서관에 들러보자.

> **Plus. 전주 이동형 갤러리 꽃심**
> 첫마중길여행자도서관 바로 옆에 있는 갤러리. 지역 예술인들의 작품을 무료로 관람할 수 있다.
> Ⓗ 하절기 3월-10월 14:00-20:00, 동절기 11월-2월 13:00-19:00
> Ⓜ Map → 4-★3

Ⓐ 전주시 덕진구 우아동3가 746
Ⓣ 063-714-3524　Ⓗ 화-일 09:00-21:00 (월요일, 공휴일 휴무)
ⓘ @traveller_lib　Ⓜ Map → 4-L1

f. 이팝나무그림책도서관

팔복예술공장(P.059) 내에 있는 그림책 특화 도서관. 매년 5월 활짝 피는 하얀 이팝나무에서 이름을 따온 이팝나무그림책도서관에서는 세계 각국의 다양한 그림책과 전북지역 작가들의 그림책을 만나볼 수 있다. 이곳에서는 매번 그림책을 주제로 색다른 기획 전시를 개최해 그림책을 사랑하는 어린이뿐만 아니라 어른에게도 동심의 세계, 그림책의 세계로 이끌 수 있는 공간이다.

Ⓐ 전주시 덕진구 구렛들1길 46　Ⓣ 063-283-9221
Ⓗ 화-일 10:00-17:30 (월요일, 공휴일 휴무)
ⓘ @__palbok__art　Ⓜ Map → 2-L1

g. 책기둥도서관

8,700여 권의 책들이 천장 높이 쌓여있는 도서관으로 전주시청 내 위치해 있다. 4개의 책 기둥이 받치고 있는 이곳은 시민들이 언제든 편하게 책을 읽다 가길 바라는 마음에서 지어졌다. 책뿐만 아니라 다양한 독서 프로그램도 진행하며, 음료와 쿠키, 빵 등을 판매하는 작은 카페도 도서관 내에 있다. 다른 도서관들과 달리 월요일에도 운영한다.

Ⓐ 전주시 완산구 노송광장로 10　Ⓣ 063-230-1845
Ⓗ 평일 09:00-18:00, 주말 10:00-18:00 (공휴일 휴무)
ⓘ @book_column_library　Ⓜ Map → 3-L2

h. 연화정도서관

덕진공원(P.036)의 옛 연화정 건물이 한국의 아름다움을 살린 한옥 도서관으로 탈바꿈했다. 연화정도서관은 ㄱ자 형태의 단층으로 도서관 공간인 연화당과 문화 공간 쉼터인 연화루 등으로 구성되어 있다. 한옥의 목구조가 나타내는 특징을 담아 점, 선, 면, 그리고 여백이라는 주제로 그 의미가 담긴 도서 총 1,852권이 비치되어 있으니 창문 밖으로 보이는 연꽃을 바라보며 책을 읽어보자.

Ⓐ 전주시 덕진구 권삼득로 390-1　Ⓣ 063-714-3527
Ⓗ 화-일 10:00-19:00 (월요일 휴무)　ⓘ @lotus_in_lib　Ⓜ Map → 4-L2

BOOKSTORE IN JEONJU
전주의 책방

INTERVIEW

Kang Seonghun
강성훈
Ⓙ 서점 카프카 대표

서점 카프카에 대해 간략한 소개 부탁드립니다.
서점 카프카는 기본적으로 문학전문서점을 지향합니다. 창작과 공부를 할 수 있는 책방으로 자리매김하고 싶고, 실제로 그렇게 할 수 있는 프로그램을 운영하고 있습니다. '카프카'라는 이름은 다들 예상하시다시피 '변신'을 쓴 소설가 '프란츠 카프카'의 이름을 따서 지었습니다. 책방지기가 개인적으로 카프카의 소설을 좋아하거든요.

서점 카프카에 입고하는 책을 고르는 기준이 궁금합니다.
잘 팔리는 책과 잘 팔리지는 않지만, 꼭 읽었으면 좋겠다는 개인적인 취향의 책, 그리고 카프카의 정체성을 대변해주는 책의 비율을 일정하게 비치하려고 노력하고 있습니다. 한쪽에 너무 치우치지 않으려고 해요.

서점 카프카를 방문하는 분들이 어떤 경험을 하고 가길 바라시는지 궁금합니다. 카프카에서 운영되는 프로그램의 내용을 보면 묵직한 인문학을 다룬다는 느낌을 받았습니다.
서점 카프카에 오셔서 위로와 공감을 얻기는 힘들 수도 있습니다. 카프카에서 열리는 모임은 기본적으로 창작과 공부가 중심입니다. 함께 공부하고, 함께 창작하는 모임을 만들고 진행합니다. 카프카의 정체성은 바로 '창작'과 '공부'이거든요. 다른 사람과의 지적 교류를 기반으로 한 심도 있는 공부를 할 수 있는 프로그램을 지향해요.
모든 공부의 끝은 개인의 성찰로 귀결되는 것 같아요. 그래서 타인으로부터 오는 위로와 공감과는 결이 다르지만, 조금 더 자신을 깊숙이 들여다보고, 자신을 되돌아보는 노력을 한다면 그 과정에서 또 다른 위로와 공감을 얻게 되지 않을까 싶습니다.

영화나 맛집 등과 달리 '책' 관련 문화도시로서의 전주는 어떤 매력을 갖고 있을까요?
전주는 좋은 도서관, 다양한 개성을 가진 책방이 있습니다. 전주에 있는 동네책방은 당연한 말이지만 책방지기의 개성이 반영되어 있습니다. 서점 카프카 역시 마찬가지이고요. 전주가 도서관의 도시, 책의 도시를 표방하면서 서점 카프카뿐만 아니라 다른 동네책방들도 그런 도시의 한 책방으로 변해가고 있는 것 같습니다.

서점 카프카는 앞으로 어떤 활동을 확대해 나가고 싶으신지 말씀해 주시면 감사하겠습니다.
앞으로 모든 책방이 어려워질 것이라고 예측합니다. 넷플릭스 같은 책 구독 서비스가 일반화될 것이고, 아날로그보다는 디지털화된 이북과 유튜브 영상이 더 편할 세대가 앞으로 사회를 이끌어갈 것입니다.
그럼에도 서로 만나서 이야기하고 관계 속에서 자신의 존재를 확인하고 싶은 분이 있고, 그런 영역은 절대 사라지지 않으리라 생각합니다. 많은 서점이 사라지겠지만, 사라지지 않은 그런 부분을 담당하는 서점은 여전히 존재할 것 같습니다. 그 영역의 일부분을 서점 카프카가 담당하고 싶습니다.

b. 전주산책

라한호텔에 자리한 서점 겸 카페. 책을 읽으면서 음료를 마실 수 있는 공간도 한편에 마련되어 있다. 와인, 전주맥주, 한옥스탠드, 전주화투 등 전주를 기념할 수 있는 기념품도 많아 책뿐만 아니라 기념품을 구매하고 싶다면 이곳을 방문해도 좋다. 방문객 대상으로 도서, 상품, 음료를 10% 할인해 준다.

a. 서점 카프카

'변신'을 쓴 소설가 프란츠 카프카에서 이름을 따온 서점 카프카. 문학 서적을 기본으로 책방지기가 선택한 책들이 책방 가득 채워져 있다. 문을 열고 들어가기 전 다른 사람이 쓴 글귀를 뽑아서 읽을 수 있는 필사 테이블도 있으니 이용해 보자. 커피, 라떼 등 음료도 판매해 이곳에서 책을 구입 후 독서의 시간을 가져도 좋다.

ⓐ 전주시 완산구 풍남문4길 32 2F
ⓣ 010-2670-7853
ⓗ 수-일 12:00-21:00 (월, 화요일 휴무)
ⓘ @bookstore_kafka
ⓜ Map → 3-S7

ⓐ 전주시 완산구 기린대로 85
ⓣ 063-907-7386
ⓗ 매일 10:00-21:00
ⓜ Map → 3-S17

c. 살림책방

전주한옥마을에 위치한 작은 한옥 책방. 들어가면 살림책방의 마스코트 반려견 하녹이가 반긴다. 작은 책방이지만 독립출판, 시, 소설, 에세이 등 주인장이 하나하나 정성스레 고른 다양한 책들을 만나볼 수 있다. 살림책방 안 숨은 지하 공간에는 굿즈 등이 전시되어 있으니 놓치지 말고 꼭 보고 가자.

ⓐ 전주시 완산구 전주천동로 58-2   ⓣ 010-3365-1221
ⓗ 수-토, 월 12:00-18:00, 일 14:00-18:00 (화요일 휴무)
ⓘ @sallim_books   ⓜ Map → 3-S18

d. 책방토닥토닥

남부시장 2층 청년몰에 위치하고 있는 작은 책방. 계단을 따라 올라가면 낮잠을 늘어지게 자는 고양이가 책방을 지키고 있다. 내부로 들어서면 사면이 책으로 둘러싸여 있으며, 책마다 주인장의 큐레이션이 달려있어 시간 가는 줄 모르고 책을 구경하게 된다. 이곳에서 책을 읽으며 자신에게 토닥토닥 위로하는 시간을 가져보길 바란다.

Ⓐ 전주시 완산구 풍남문2길 53 Ⓣ 010-9028-3938
Ⓗ 매일 11:00-20:00 Ⓘ @todakbook Ⓜ Map → 3-S10

Ⓐ 전주시 덕진구 솔내7길 17-10 Ⓣ 010-5460-6267
Ⓗ 매일 10:00-20:00 (공휴일 휴무)
Ⓘ @sosodang_bookcafe Ⓜ Map → 4-S1

e. 소소당

소소한 즐거움을 느낄 수 있는 빨간 벽돌이 인상적인 동네 책방. 이곳은 책방을 방문하는 모든 이가 편하게 차 한잔 마시며 책을 읽다 갈 수 있다. 그림책, 동화책, 소설 등 책뿐만 아니라 문구류, 소품 등을 판매해 보는 재미가 있다. 자수, 퀼트, 캘리그라피, 색연필 드로잉, 북 토크 등 다양한 프로그램도 소소당에서 진행한다.

f. 청동북카페

창문 안 네모난 나무 책장 속 책들이 빼곡히 들어있는 모습이 눈에 먼저 들어오는 북카페. 책을 만들고, 책으로 소통하고, 책의 목소리가 들리는 호흡과 결이 있는 곳이라고 소개하는 이곳은 청동출판사에서 운영하는 카페 겸 서점이다. 청동출판사에서 출판한 책 외에도 다양한 책들을 소개, 판매하며, 음료 또한 다양하다. 책을 읽을 수 있는 공간이 넓게 있으니 이곳에서 여유롭게 책을 읽으며 차를 마셔보길 바란다.

Ⓐ 전주시 완산구 세내로 504-7 Ⓣ 063-223-0010
Ⓗ 평일 10:00-21:00, 토 10:00-19:00, 일, 공휴일 12:00-18:00
Ⓘ @cheongdong_books Ⓜ Map → 2-S1

g. 잘 익은 언어들

한 문장, 한 문장, 잘 익은 언어들이 적힌 책들을 만나볼 수 있는 책방. 카피라이터가 운영하는 곳으로 그림책부터 인문 도서까지 잘 익은 책들만 하나하나 고심해 골랐다. 책을 주제로 다양한 전시, 북토크 등도 열고 있으며, 책 구매 후 책을 읽을 수 있는 공간도 작게 마련되어 있다. 잘 익은 언어들의 책방지기가 쓴 책도 이곳에서 만나볼 수 있다.

ⓐ 전주시 덕진구 거북바우로 68-1　ⓣ 010-3000-6959
ⓗ 화-목, 주말 13:00-18:00, 금 14:00-21:00 (월요일 휴무)
ⓘ @well_books　ⓜ Map → 4-S3

h. 물결서사

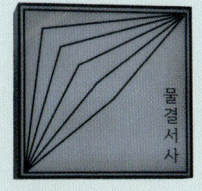

시인, 화가, 영상제작자, 성악가, 사진작가 등 전주를 기반으로 활동하는 예술인 6인이 운영하는 책방. 물결서사가 있는 선미촌은 과거 성매매 집결지였으며, 물결서사는 60년대 성매매 업소를 공간 재생해 책방으로 탈바꿈시켰다. 내부로 들어서면 다양한 책들이 비치되어 있으며, 매일 책방지기가 바뀌니 책방지기에게 책을 추천 받아도 좋다. 물결서사가 있는 골목은 현재 도시재생사업으로 예술의 거리로 변해 골목 곳곳에 문화를 향유할 수 있는 공간들이 있다.

ⓐ 전주시 완산구 물왕멀2길 9-6　ⓣ 010-5143-9398
ⓗ 화-토 13:00-19:00 (일, 월요일 휴무)　ⓘ @mull296　ⓜ Map → 3-S3

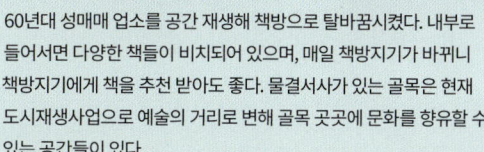

ⓐ 전주시 완산구 전라감영4길 1
ⓣ 010-8649-7609
ⓗ 화-일 13:00-19:00 (월요일 휴무)
ⓘ @tuna_and_frogs
ⓜ Map → 3-S6

i. 에이커북스토어

전라감영 옆에 위치한 에이커북스토어. 과거 에이커매거진을 운영하던 주인장이 차린 책방으로 악어를 의미하는 AKER였지만 사람들이 에이커라고 부르기 시작하면서 에이커북스토어가 됐다. 서점에 들어서면 독립출판물이 공간을 가득 채우고 있으며, 일반 대형서점에서는 볼 수 없는 책들도 만나볼 수 있다. 책 곳곳에 작가의 메시지, 주인장의 큐레이션도 적혀 있어 어떤 책을 읽어야 할지 고민이면 그 글들을 찬찬히 읽어보자.

Nearby.

뜻밖의 미술관

물결서사 바로 앞에 있는 뜻밖의 미술관. 이름 그대로 이곳에 미술관이 있을까라는 생각이 들 때쯤 하얀 외관의 미술관을 마주할 수 있다. 물결서사와 마찬가지로 과거 성매매 공간이었던 곳이 문화 예술을 향유할 수 있는 곳으로 재탄생했으며, 매번 다양한 전시가 진행된다.

ⓐ 전주시 완산구 물왕멀2길 3-6　ⓣ 063-287-1300　ⓜ Map → 3-★38

SPECIAL PLACES

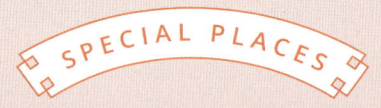

HEALING PLACES

쉼이 있는 시간, 전주 힐링 플레이스

일상과 여행에서 빠질 수 없는 힐링. 전주는 이를 채워주기에 적합한 여행지이다. 우거진 수풀 사이로 지저귀는 새소리, 숨을 들이마실 때 느껴지는 상쾌한 공기, 걷다 보면 만날 수 있는 동물들까지. 쉼이 있는 시간, 전주의 힐링 플레이스로 가보자.

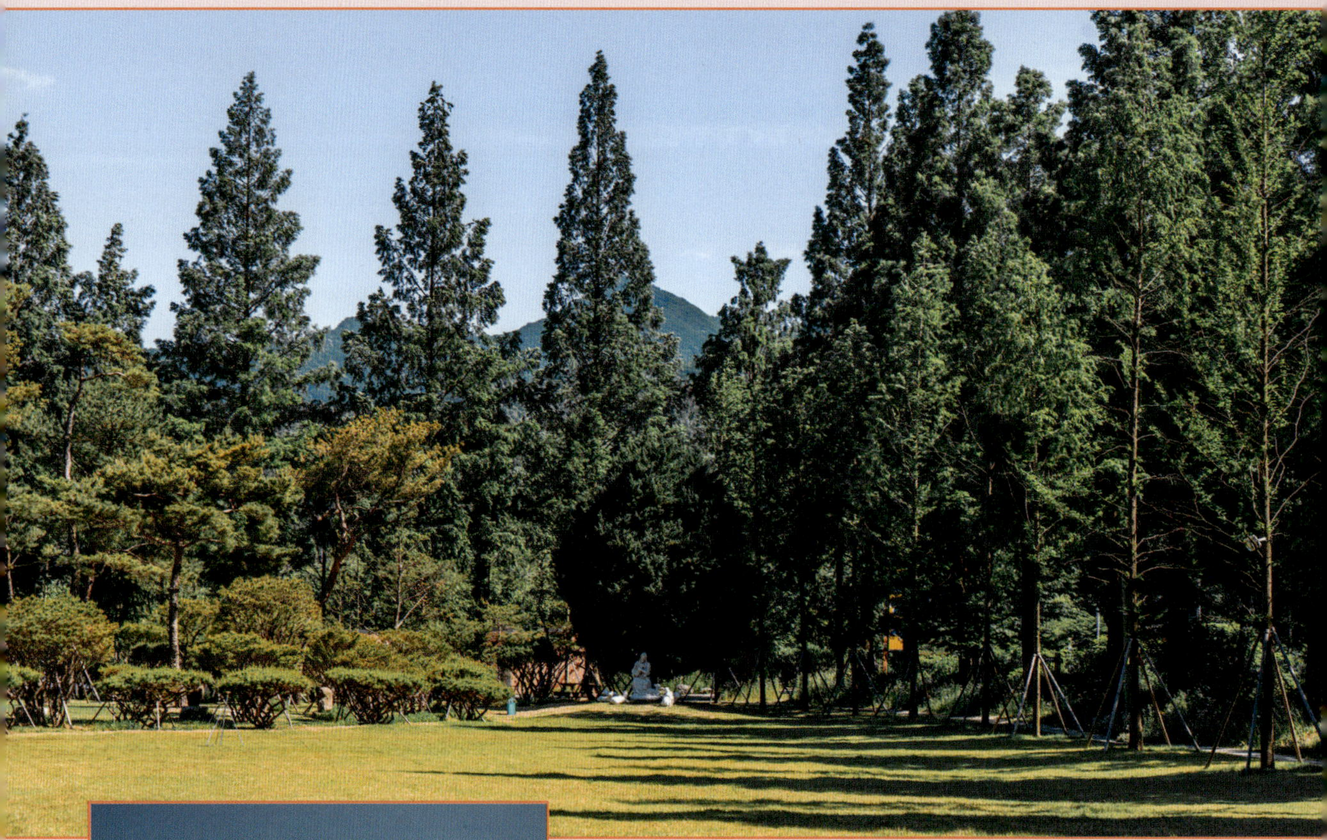

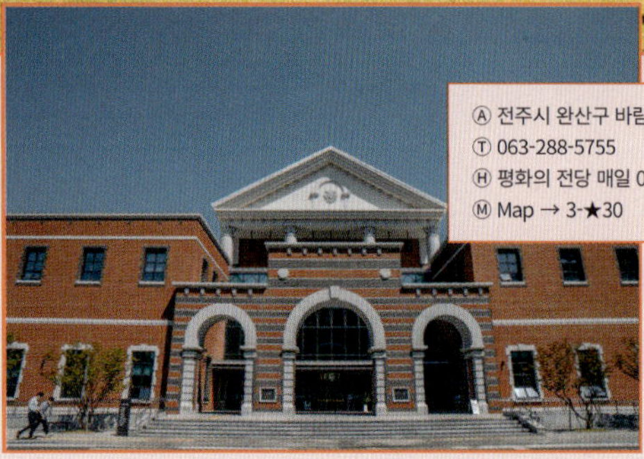

Ⓐ 전주시 완산구 바람쐬는길 120
Ⓣ 063-288-5755
Ⓗ 평화의 전당 매일 09:00-17:00
Ⓜ Map → 3-★30

a. 평화의 전당 & 바람쐬는 길

한국의 산티아고 순례길이라 불리는 곳으로 천주교 자원을 일반인들과 함께 나누기 위해 세워진 한국 천주교 최초의 시설이다. 일반인과 세계 순례자들이 사랑과 나눔, 치유를 느끼다 가길 바라는 마음으로 세워졌으니 이곳에서 마음의 안식을 느끼다 가길 바란다. 평화의 전당과 이어지는 바람쐬는 길은 자연과 함께 또 다른 힐링을 선사하니 묶어서 걸어보자.

b. 아중호수

넓은 호수를 따라 데크길이 둘러싸여 있는 아중호수. 과거 농업용수를 공급하던 저수지가 지금은 시민들이 산책할 수 있는 공간으로 탈바꿈했다. 저수량 1,388,000㎥, 만수 면적 26.05ha 규모로 생각보다 많이 넓어 걷기 운동을 하기 위해서도 많이 찾는다. 밤이면 은은한 조명이 불을 밝혀 밤에 걷기에도 좋으나 혼자 여행 왔다면 주의하자. 200여 명 정도 수용이 가능한 수상 데크 광장에는 공연이나 축제 행사도 열린다.

Tip.
아중호수 풍경을 감상할 수 있는 카페들이 곳곳에 있으니 음료를 마시며 잔잔한 호수를 바라보자.

Ⓐ 전주시 덕진구 우아동1가 745-2
Ⓜ Map → 4-★9

c. 세병공원

높은 건물 사이에 자리한 공원. 드넓은 잔디밭이 매력적인 이곳은 전주의 피크닉 명소로 가족, 연인, 친구 등 남녀노소 돗자리를 펴고 도시락을 먹을 수 있다. 아이들과 반려견들이 신나게 뛰어놀 수 있을 만큼 공원이 넓어 평일, 주말할 것 없이 산책을 위해 시민들이 발걸음 한다. 세병호를 따라 둘레길도 잘 조성되어 있어 시간대 상관없이 걷기 좋은 곳이다.

Ⓐ 전주시 덕진구 송천동2가 1316
Ⓜ Map → 4-★1

d. 덕진공원

전주시 중심에 있는 덕진공원. 드넓은 연못인 덕진호를 따라 산책로들이 잘 정비되어 있어 유유자적 산책만 해도 좋은 곳이다. 여름에는 색색의 연꽃들이 펼쳐지는 전주 8경 중 하나인 덕진채련을 만나볼 수 있다. 덕진공원 내에는 신석정, 김해강, 이철균, 백양촌 시인의 시비와 전봉준 장군상, 전주시민 갤러리 등 역사, 문화 공간도 마련되어 있다. 덕진호 가운데에는 한옥으로 된 연화정도서관도 있다.

Ⓐ 전주시 덕진구 권삼득로 390
Ⓣ 063-239-2670
Ⓜ Map → 4-★2

Ⓐ 전주시 완산구 외칠봉1길 36
Ⓣ 063-284-3732 Ⓜ Map → 3-★1

e. 정혜사

도심 속에 있는 사찰이지만 이곳에 오면 산사에 온 것 같은 느낌이 든다. 선리를 연구하고 교리를 널리 알려 정혜쌍수를 실천하자는 의미를 가진 정혜사는 보문종 계열의 비구니 스님들이 공부하는 곳이자 기도하는 사찰이다. 꽃들이 만개하는 봄에는 아름다운 자연과 고즈넉한 사찰이 어우러져 힐링을 가져다주는 곳이기도 하다.

Ⓐ 전주시 완산구 동서학동 940-2
Ⓜ Map → 3-★8

g. 기지제

혁신도시에 자리한 수변공원. 1934년 농업용수 공급을 위해 만들어진 저수지로 지금은 시민들의 일상에 힐링을 선사하는 곳이 됐다. 총 1.79㎞ 중 1.16㎞ 구간에 수상 데크가 이어져 있으며, 걷다 보면 모든 것이 흥한다는 뜻을 가진 만성루를 만날 수 있다. 만성루에서 시원한 바람을 맞으며 쉬어갈 수 있으니 잠시 멈추고 쉬어가 보자. 기지제 내에 전북 대표도서관도 들어설 예정이다.

Ⓐ 전주시 덕진구 중동로 104-6
Ⓜ Map → 2-★4

f. 전주천

상류에는 천연기념물 수달과 원앙이 살 정도로 깨끗한 물을 자랑하는 전주천. 과거 콘크리트 제방과 각종 생활하수로 생물이 살 수 없을 정도의 하천이 1998년 자연하천 조성사업을 통해 1급수 맑은 물로 시민들에게 돌아왔다. 길이 30km로 전주천을 따라 산책로가 잘 정비되어 있어 산책을 하거나 자전거를 타기 위해 많은 사람이 찾고 있다. 늦가을이 되면 천을 따라 물억새가 장관을 이뤄 여행객들도 찾는 곳이 됐다.

[THEME]

JEONJU HANOK VILLAGE :
미(美)각적인 마을, 전주한옥마을

01

THE OLD CITY CENTER :
한옥마을을 감싸고 있는, 원도심

02

NEW TOWN & INNOVATION CITY :
문화가 함께하는 곳, 신시가지 & 혁신도시

03

DEOKJIN :
도심 속 힐링, 덕진 일대

SPOTS TO GO

장소마다 계절마다 개성 있는 모습을 보여주는 전주. 트렌디한 거리와 인생 사진을 찍을 수 있는 장소까지. 전주는 동네마다 새로운 매력을 만들어가고 있다. 도심과 자연이 조화로운 전주에서 자신만의 여행을 떠나보자.

JEONJU HANOK VILLAGE

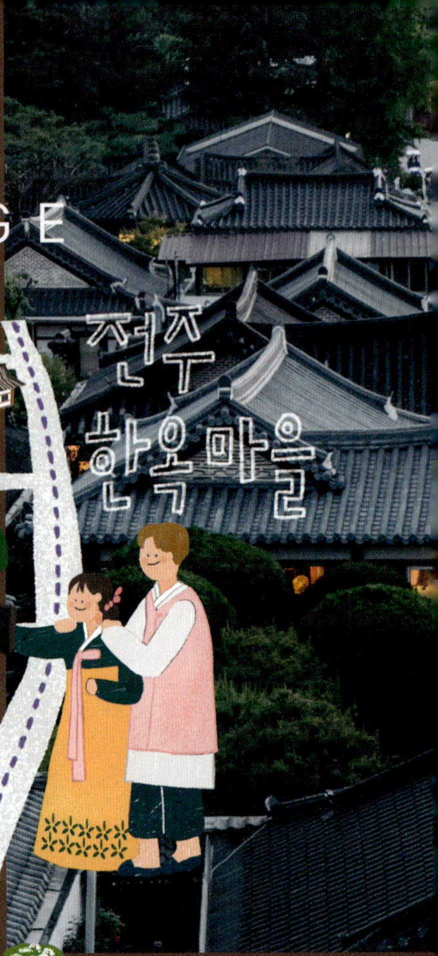

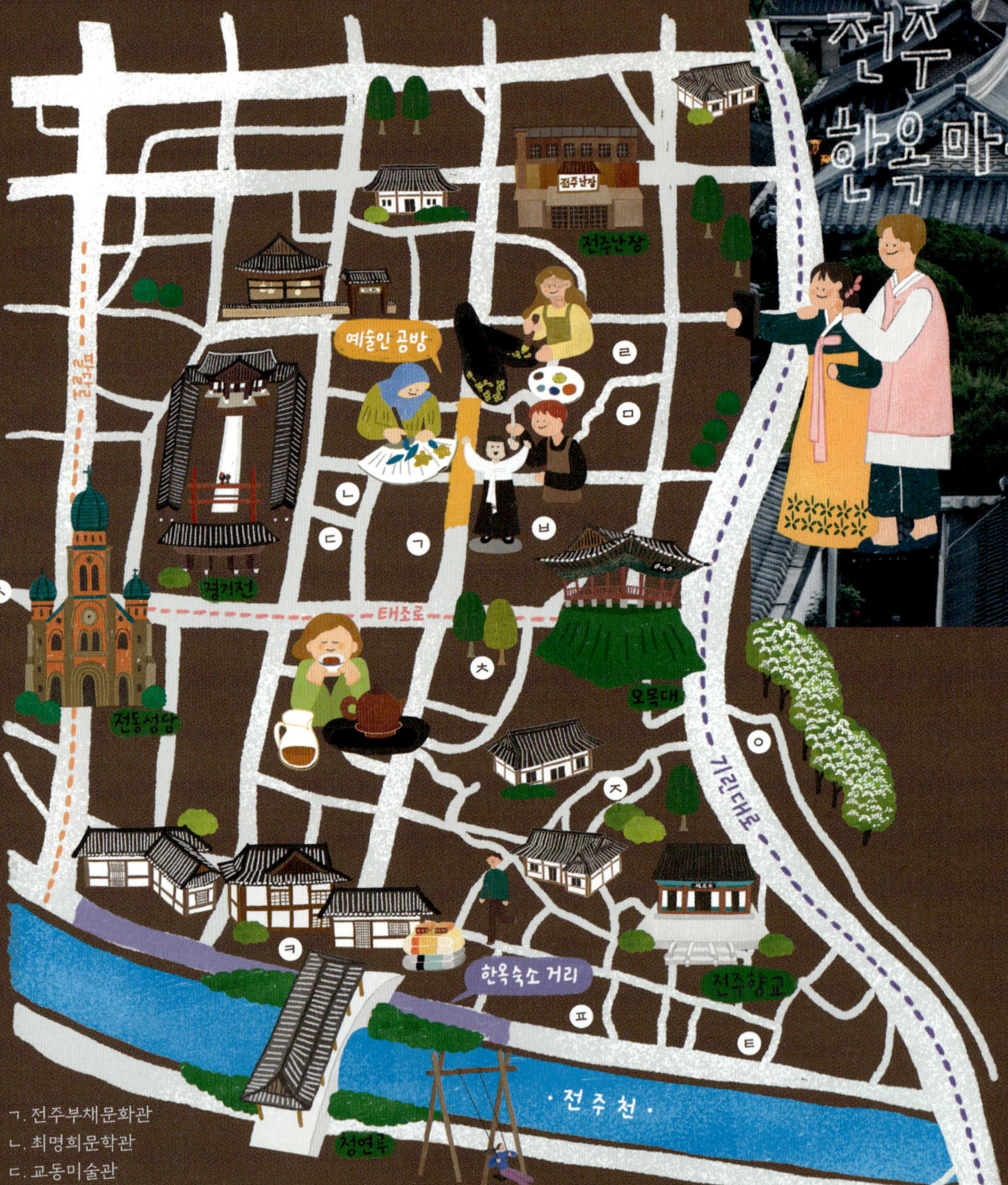

ㄱ. 전주부채문화관
ㄴ. 최명희문학관
ㄷ. 교동미술관
ㄹ. 전주김치문화관
ㅁ. 전주전통술박물관
ㅂ. 전주한옥마을역사관
ㅅ. 풍남문
ㅇ. 이목대
ㅈ. 나희도 집
ㅊ. 전주공예품전시관
ㅋ. 강암서예관
ㅌ. 완판본문화관
ㅍ. 전주목판서화관

미(美)각적인 마을, 전주한옥마을

우리나라 최대 규모의 전통 한옥촌인 전주한옥마을. 일제강점기 일본에 대항하면서 만들어진 한옥촌으로 태조의 어진을 모신 경기전, 천주교의 성지 전동성당 등 700여 채의 한옥이 모여있다. 이처럼 아픔과 역사, 문화를 지닌 전주한옥마을을 천천히 거닐어보자.

전주한옥마을을 더 깊이 즐기는 방법

1. 먹거리가 다양한 한옥마을

탕후루, 꼬치, 육전 등 길거리 음식부터 고즈넉한 한옥 카페까지, 다양한 먹거리, 카페가 있다. 칼국수, 비빔밥, 떡갈비 등을 판매하는 식당도 여럿 있으니 허기진 배를 달래보자.

2. 한옥 뷰 포인트

한옥마을 전경을 즐길 수 있는 포인트가 곳곳에 있다. 2층 이상의 카페만 가더라도 예쁜 풍경을 감상할 수 있으며, 라한호텔에서도 한옥 뷰를 즐길 수 있다.

3. 과거로의 시간 여행

한옥마을 내 어디서 사진을 찍어도 인생 사진을 남길 수 있다. 한복 외에도 근대 의상, 교복 등 다양한 의상들도 있으니 옷을 입고 과거로 시간 여행을 떠나보길 바란다.

> **Plus. 어진박물관**
>
> 태조어진을 봉안한 국내 유일 어진박물관으로 경기전 내에 위치해 있다. 박물관 내에는 태조어진 외에도 세종, 영조, 정조, 철종, 고종, 순종의 초상화 6점을 볼 수 있으며, 태조어진과 관련된 다양한 유물을 감상할 수 있다.

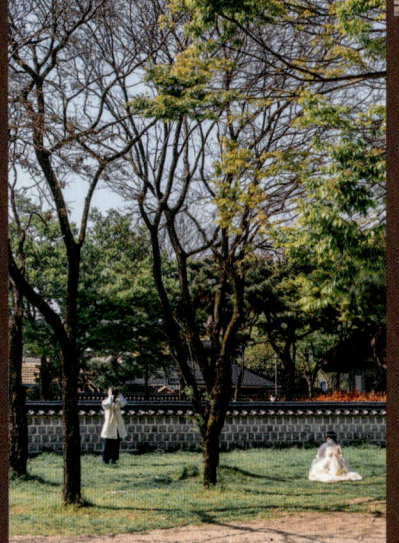

경기전

태조 이성계의 어진을 봉안하고 제사하는 조선 시대 전각. 정유재란 때 소실되었던 것을 1614년 중건했다. 경기전은 정전과 조경묘로 나뉘며 정전에는 태조 이성계의 어진이, 조경묘에는 전주 이씨의 시조인 신라 사공공 이한 부부의 위패가 봉안되어 있다. 한옥마을 초입에 있으며, 한복을 입고 사진을 남기기 위해 많은 사람이 방문한다. 가을에는 은행이 아름답게 물들어 은행 명소로도 유명하다.

Ⓐ 전주시 완산구 태조로 44
Ⓣ 063-281-2788
Ⓗ 매일 하절기 3월-10월 09:00-19:00, 동절기 11월-2월 09:00-18:00
Ⓟ 성인 3,000원, 청소년 2,000원, 어린이 1,000원
Ⓜ Map → 3-★7

한복체험

우리나라 전통 의상인 한복부터 전통한복에 현대적 감각을 더한 생활 한복까지. 한옥마을 내에 한복대여점이 여러 곳 있다. 2~3만 원대 가격으로 하루 종일 대여가 가능하니 마음에 드는 한복집을 발견하면 대여해서 입어보자. 대부분의 한복 대여점이 사전 예약을 하면 좀 더 할인을 해준다.

ㄱ. 전주부채문화관

전주 부채에 대한 역사적 가치와 문화사적 의미를 알리기 위해 세워진 부채문화관. 60여 점의 다양한 부채 유물을 감상할 수 있으며, 단선, 접선의 부채 그리기 체험도 할 수 있다. 전주부채 장인들의 부채 작품과 기념품도 구매 가능하니 아이들과 함께 천천히 둘러보길 바란다.

Ⓐ 전주시 완산구 경기전길 93
Ⓣ 063-231-1774
Ⓗ 화-일 10:00-18:00 (월요일 휴무)
Ⓤ jeonjufan.kr
Ⓜ Map → 3-★11

부채 그리기 체험

전주 풍경을 담은 컬러링 부채부터 내가 원하는 그림을 부채 위에 그릴 수 있는 체험까지 전주부채문화관 내에서 부채 관련한 다양한 체험을 할 수 있다.

Ⓟ 부채 그리기 체험 (재료비 포함) 5,000원

ㄴ. 최명희문학관

대하소설 혼불을 쓴 작가 최명희의 문학 정신을 기리고 계승, 발전시키는 문학관. 내부로 들어서면 작가의 원고와 생전의 인터뷰 등을 살펴볼 수 있다. 문학강연, 토론회, 문학기행 등 문학에 관한 다양한 프로그램도 열린다. 나 또는 소중한 누군가에게 마음을 담아 쓴 편지를 1년 뒤 발송해주는 체험도 있으니, 여행에서 느꼈던 감정을 글로 표현해 보는 시간을 가져도 좋다.

Ⓐ 전주시 완산구 최명희길 29 Ⓣ 063-284-0570
Ⓗ 화-일 10:00-18:00 (월요일, 설날, 추석 휴무)
Ⓤ jjhee.com Ⓜ Map → 3-★10

ㄷ. 교동미술관

1950년대부터 80년대까지 500여 명의 근로자가 종사하던 내의류 공장터가 미술관으로 재탄생했다. 봉제 공장 일부를 원형 그대로 보존해 내부를 전시관으로 개축했으며, 당시 쓰던 재봉틀 등이 전시되어 있다. 미술관에서는 매번 색다른 전시와 문화 행사를 진행하며, 본관과 2관, 창작실 등이 한옥마을 내 서로 다른 위치에 있어 공간마다 다른 전시를 감상할 수 있다.

Ⓐ **본관** 전주시 완산구 경기전길 89 / **2관** 전주시 완산구 최명희길 25 Ⓣ 063-287-1245 Ⓗ 화-일 10:00-18:00 (월요일 휴무) Ⓤ gdart.co.kr Ⓜ Map → 3-★13

ㄹ. 전주김치문화관

우리나라 대표 발효 식품인 김치와 전주음식의 문화, 역사를 살펴볼 수 있는 김치문화관. 평일에는 직접 김치를 담가볼 수 있는 김장 체험, 김치전, 비빔밥, 삼각김밥, 궁중떡볶이 등을 만들어 볼 수 있는 체험이 마련되어 있다.

Ⓐ 전주시 완산구 어진길 29 Ⓣ 063-287-6302
Ⓗ 화-일 하절기 3월-11월 09:00-18:00,
동절기 12월-2월 09:00-17:00 (월요일, 설날, 추석 당일 휴무)
Ⓤ jeonjukimchi.com Ⓜ Map → 3-★18

김치담그기 체험

주말에는 어린이들을 대상으로 하는 김치 담그기 체험을 무료로 경험해 볼 수 있으니, 아이들과 함께 방문한다면 예약하고 가자. 단, 평일 체험의 경우 20인 이상 사전 예약을 해야 하며, 유료이다.

다도 체험

한옥마을에서 평안한 시간을 보내길 바란다면 다도 체험하기를 추천한다. 백년가게인 교동다원, 마시랑게 카페 등에서 일상 속 지친 마음을 차 한잔에 달래보길 바란다.

ㅁ. 전주전통술박물관

집집마다 빚어 먹던 전통 가양주의 맥을 이어가고자 개관한 전통술박물관. 전국적으로 유명한 전통 명주들을 볼 수 있으며, 술 빚는 도구와 과정도 살펴볼 수 있다. 이화주, 모주 등 전통 명주들도 이곳에서 구매할 수 있다.

Ⓐ 전주시 완산구 한지길 74
Ⓣ 063-287-6305
Ⓗ 화-일 09:00-18:00
(월요일 휴무)
Ⓤ urisul.net
Ⓜ Map → 3-★19

전통주 체험

누룩과 쌀, 물만을 이용해 만드는 가양주, 이화주 빚기 체험, 전통주 5종 시음 체험 등 가양주에 관한 다양한 체험 프로그램이 마련되어 있다.

ㅂ. 전주한옥마을역사관

전주한옥마을의 역사를 살펴볼 수 있는 곳. 전주한옥마을의 형성과 변천 과정을 볼 수 있는 상설전시와 한옥마을 관련 각종 기획전시를 볼 수 있는 곳으로 나누어져 있다. 주말 오전 11시, 오후 2시에는 학예사가 들려주는 전주한옥마을 이야기 해설프로그램도 진행하니 시간이 맞는다면 참여해 보자.

Ⓐ 전주시 완산구 최명희길 17-10   Ⓣ 063-286-5125
Ⓗ 화-일 10:00-18:00 (월요일 휴무)
Ⓜ Map → 3-★20

Nearby.

ㅅ. 풍남문

조선 시대 전라감영이 있었던 전주를 둘러싼 전주성의 남쪽 문. 원래 동서남북 네 곳에 문이 있었지만 1905년 조선통감부의 폐성령에 의해 지금은 풍남문만 남아있다. 전동성당 맞은편 남부시장 가는 길에 자리하고 있으며, 밤이 되면 불이 켜져 더 큰 위용을 자랑한다.

Ⓐ 전주시 완산구 풍남문3길 1
Ⓣ 063-287-6008
Ⓜ Map → 3-★5

전동성당

1914년에 완공된 성당. 전라도의 서양식 근대건축물 중 가장 규모가 크고 오래되었으며, 로마네스크 양식이 잘 나타나 있어 종교적, 역사적으로 의미가 있다. 내부로 들어서면 둥근 천장과 중앙의 종탑을 중심으로 양쪽에 배치된 작은 종탑들이 조화롭다. 한옥마을 초입에 바로 있으며, 현재 공사 중이라 내부로 들어갈 때 조심해야 한다.

Ⓐ 전주시 완산구 태조로 51   Ⓣ 063-284-3222   Ⓤ jeondong.or.kr   Ⓜ Map → 3-★14

Tip.
미사를 드리고 싶다면 시간에 맞춰 방문해 보자. 시간은 사이트에서 확인.

Plus. 전동성당사제관

1926년 2대 주임 신부였던 라크루 신부가 지은 곳. 14세기에서 16세기 유럽에서 발달한 건축 양식인 르네상스양식과 10세기 말에서 12세기 중엽 서유럽에서 발달한 건축 양식인 로마네스크양식이 합쳐진 건물로 서양 건축물의 아름다운 모습을 잘 간직하고 있다.

Nearby.

ㅇ. 이목대

조선 태조 이성계의 5대 할아버지인 목조 이안사의 출생지라고 전해지는 곳. 오목대에서 육교 건너 70m 위로 올라가면 승암산 발치에 있다. 오목대와 마찬가지로 이목대에도 고종이 친필로 쓴 '목조대왕구거유지'가 새겨진 비가 있다.

Ⓐ 전주시 완산구 자만동2길 5
Ⓜ Map → 3-★22

ㅈ. 나희도 집
스물다섯 스물하나 촬영지

전주전통문화연수원에서 오목대 가는 방향으로 걸어가다 보면 드라마 스물다섯 스물하나 촬영지 중 한 곳인 주인공 나희도 집을 만날 수 있다. 드라마에서 나왔던 모습 그대로 갖추고 있으니, 앞에서 사진을 남겨보자. 다만 관광지가 아니라 내부로 들어갈 순 없다.

Ⓐ 전주 완산구 오목대길 5-19
Ⓜ Map → 3-★26

Tip.
오목대에서 한옥마을 방향으로 내려가는 길에 한옥마을 전경을 내려다볼 수 있는 곳이 있다.

오목대

1380년 이성계가 운봉 황산에서 왜군을 무찌르고 돌아가던 중 고조부인 목조가 살았던 곳에 들러 승전을 자축한 곳으로 전라북도 기념물 제16호로 지정되었다. 오목대로 올라가면 1900년 고종이 친필로 쓴 '태조고황제주필유지'가 새겨진 비가 세워져 있다. 오목대에는 누각도 설치되어 있어 바람을 맞으며 쉬어가기 좋아 시민뿐만 아니라 여행객들도 많이 찾는다.

Ⓐ 전주시 완산구 기린대로 55
Ⓜ Map → 3-★21

ㅊ. 전주공예품전시관

전주를 기념할 수 있는 공예품들이 가득한 곳. 우리나라를 대표하는 지역 공예문화산업 거점 공간으로, 아름다운 색감의 한지 양산인 지우산부터 호롱, 그릇, 도마, 마그네틱까지 여러 작가의 수공예 제품을 관람하고, 구매할 수 있다.

Ⓐ 전주시 완산구 태조로 15
Ⓣ 063-281-1610
Ⓗ 화-일 10:00-18:00 (월요일 휴무)
Ⓤ jeonjucraft.or.kr Ⓘ @jeonjucraft
Ⓜ Map → 3-★12

공예, 공방 체험

한지, 자수, 전통매듭, 향수, 보자기 포장, 초코파이 만들기, 고무신 그림 그리기 등 다양한 체험을 할 수 있는 전주. 특히 한옥마을 내에는 여러 문화원 외에도 다양한 공방들이 많이 모여 있어 한곳 한곳 들러 체험해 보는 재미도 있다.

Ⓤ hanok.jeonju.go.kr/contents/list

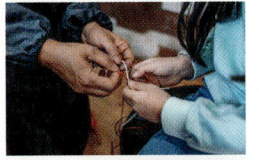

스탬프 투어

별별체험단 공예공방 12개 소 이상을 방문해 스탬프를 찍으면 체험 즉시 만 원 할인을 받을 수 있다. 스탬프 투어 종이는 관광안내소 또는 각 체험공방에 비치되어 있으니 스탬프 투어도 하고 체험 할인도 받아보자. 별별체험단 공방 리스트는 사이트에서 확인 가능.

Ⓤ hanok.jeonju.go.kr/contents/romantic

ⓘ 전주한옥마을 관광안내소
Ⓐ 전주시 완산구 기린대로 99   Ⓣ 063-282-1330
Ⓗ 매일 09:00-18:00

전주향교

고려 말에 창건된 면적 1만 357㎡의 큰 규모 향교. 대성전, 명륜당, 동재, 서재 등 16동의 건물이 있으며, 향교 중 유일하게 공자, 맹자, 증자, 안자의 아버지 위패를 봉안한 계성사가 있다. 또한 장판각에는 주자대전, 성리대전, 사기평림 등 9,600여 점의 목판이 소장되어 있어 역사, 문화적으로 의미가 깊은 곳이다. 한옥마을 끝에 있어 사람들이 많이 오지 않아 한복 입고 편하게 사진 찍기도 좋다.

Ⓐ 전주시 완산구 향교길 139   Ⓣ 063-288-4544
Ⓗ 하절기 09:00-18:00, 동절기 10:00-17:00
Ⓤ jjhyanggyo.or.kr   Ⓜ Map → 3-★25

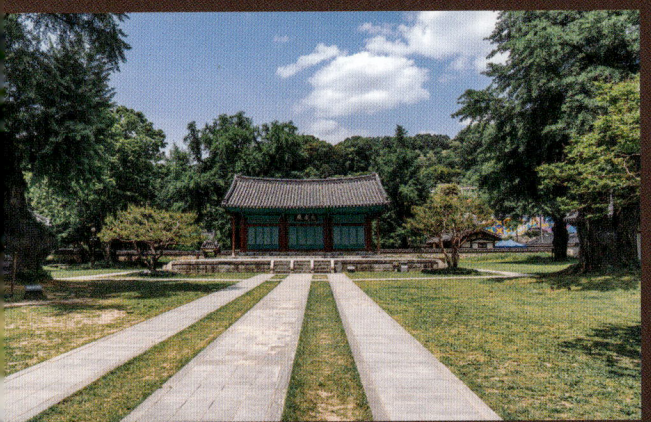

전주난장

과거로 시간 여행을 온 것 같은 기분이 드는 테마형 체험박물관. 주인장이 25년간 수집한 근대 소품들을 테마별로 전시를 해 현실감을 극대화했다. 70-80년대 학교, 만화방, 고고장, 시장, 주막, 연탄 가게, 이발소 등 70여 개의 테마존으로 나뉘어 있으며, 공간마다 사진 스폿도 많아 사진 찍기에 좋다. 나가기 전 아이스크림과 팝콘을 무료로 나눠주니 먹고 나가자. 어른들에게는 향수를, 아이들에게는 새로운 추억을 선물하는 난장에서 과거로 돌아가 보길 바란다.

ⓐ 전주시 완산구 동문길 33-20
ⓣ 063-244-0001
ⓗ 일-목 10:00-19:30, 금-토 10:00-20:00
ⓤ jjnanjang.com
ⓟ 성인 7,500원, 청소년 6,000원, 어린이 5,000원
ⓜ Map → 3-★9

교복 체험
한옥마을 내 옛날 교복을 대여해 주는 곳들이 있다. 그곳에서 교복을 빌려 전주난장에 가보자.

한옥 숙소 체험
한옥에서 하룻밤 묵으면서 전통의 미를 늦은 밤까지 느껴보길 바란다. 전주한옥마을숙박예약센터에 들어가면 전주시에서 인정한 한옥 숙박 업체들이 여럿 있으니 보고 예약을 하면 된다. 숙소마다 내부 느낌이 달라 오래 머무른다면 하루하루 다른 곳에 머물러봐도 좋다.

전주한옥마을 숙박예약센터
ⓣ 063-288-8828 ⓤ jjhanok.net

전동바이크 & 공용자전거

여행 일정이 여의찮아 빨리 한옥마을을 구경하고 싶다면 전동바이크와 공용자전거 대여를 추천한다. 주말에는 한옥마을 내 차량 진입 금지라 좀 더 편하게 탈 수 있으며, 아이, 연인, 부모님과 함께 탄다면 색다른 추억이 될 것이다. 공용자전거의 경우 대여 장소와 반납 장소가 같을 필요는 없다. 9곳의 대여소 중 가까운 곳에 반납을 하면 된다.

공용자전거
ⓐ **한옥마을(평화의 전당) 대여소** 전주시 완산구 대성동 1050-3 /
오목대 대여소 전주시 완산구 풍남동3가 7-9
ⓗ 화-일 하절기 6월-8월 09:00-19:00, 동절기 3월, 11월, 12월 10:00-17:00 (월요일, 공휴일, 1월, 2월 휴무)
ⓤ hanok.jeonju.go.kr/contents/question ⓟ 1회 1,000원

ㅋ. 강암서예관

서예계의 대가 강암 송성용 선생의 뜻으로 세워진 서예관. 강암 선생의 서화 70여 점과 추사 김정희, 창암 이삼만, 단원 김홍도의 작품, 그리고 다산 정약용의 간찰 등을 포함한 1,162점의 작품이 전시되어 있다. 강암 선생의 뜻을 기려 서예술과 학술문화를 계승하고 발전시키기 위해 실력 있는 후학을 선발하는 강암 서예대전도 매년 개최된다.

ⓐ 전주시 완산구 전주천동로 74 ⓣ 063-285-7442 ⓗ 매일 09:00-18:00
ⓤ gangamseoye.com ⓜ Map → 3-★15

ㅌ. 완판본문화관

기록 문화의 산실인 전주의 완판본 역사와 문화를 살펴볼 수 있는 문화관. 전주목판서화관 옆에 위치해 있다. 전라도 옛 수도였던 전주에서 발간한 옛 책과 그 판본을 뜻하는 완판본을 눈으로 직접 보고, 완판본문화관에서만 경험할 수 있는 다양한 체험도 할 수 있다.

ⓐ 전주시 완산구 전주천동로 24 ⓣ 063-231-2212
ⓗ 화-일 10:00-18:00 (월요일 휴무) ⓜ Map → 3-★24

Plus. 전주목판서화관

완판본의 맥을 이어가기 위해 판각 기능을 계승 받은 사람들이 작업을 하는 곳. 판각 활동을 하는 모습을 직접 눈으로 볼 수 있으며, 어떻게 작업을 하는지 이야기도 들을 수 있어 완판본문화관에 가기 전 들렀다 가면 좋다.

ⓐ 전주시 완산구 전주천동로 46 ⓣ 063-231-5694 ⓜ Map → 3-★27

완판본 체험

목판 인쇄 체험, 옛 책 만들기, 판각 체험 등 완판본문화관에서만 경험할 수 있는 체험들이 다양하게 마련되어 있으니 이곳에 왔다면 꼭 체험해 보고 가자.

JEONJU : THE OLD CITY CENTER

한옥마을을 감싸고 있는, 원도심

오랜 시간 전주의 중심지였던 원도심. 전주의 첫 관문이자 다양한 물자, 사람들이 오가던 거리는 유구한 역사의 발자취가 곳곳에 스며들어 있다. 이러한 과거와 현재가 공존하는 원도심에서 뉴트로한 감성을 되살려 보자.

| 완산구 | **청연루 & 전주천** |

INFO
Ⓐ 전주시 완산구 동서학동 940-2
Ⓜ Map → 3-★16 / 3-★8

남천교 위에 세워진 한옥 누각. 한옥마을에서 서학동예술마을로 건너가기 전에 만날 수 있다. 한벽당을 이르는 한벽청연에서 이름이 유래한 청연루는 정면 9칸, 측면 2칸의 팔각지붕 한옥 누각으로 시민들에게는 쉼터로, 여행자들에게는 사진을 찍을 수 있는 스폿으로 인기가 있다. 밤이 되면 청연루에 불이 들어와 야경도 아름다우니, 저녁에 방문하면 또 다른 매력의 사진을 남길 수 있다.

완산구 서학동예술마을

골목마다 예술이 살아있는 마을. 과거 선생촌이라 불릴 만큼 교사와 학생들이 많이 살았던 동네가 현재는 예술가들이 모여 공방, 작업실을 이루며 자연스레 예술 마을로 형성되었다. 화가, 설치미술가, 도예가, 사진작가, 음악가 등 다양한 분야의 예술가들이 있어 골목마다 집마다 개성이 뚜렷하다. 전주한옥마을과 전주천을 사이에 두고 붙어 있어 함께 둘러봐도 좋다.

── INFO ──
Ⓐ 전주시 완산구 서학 3길
Ⓜ Map → 3-★17

Tip.
골목골목 사진을 찍을 수 있는 포토 스폿이 여럿 있다. 드라마 스물다섯 스물하나 촬영지 중 하나인 만화방도 서학동예술마을에 있다.

서학동예술마을 둘러보기

서학아트스페이스 `GALLERY`

서학동예술마을 초입에 자리하고 있는 이곳은 여러 작가의 작품을 만나볼 수 있다. 지하 1층은 갤러리로, 지상은 카페로 운영하며, 매번 새로운 전시로 사람들의 눈과 마음을 풍요롭게 만들어 준다. 커피부터 차, 생과일주스 등 다양한 음료와 브런치 메뉴도 함께 판매하니 찬찬히 작품을 관람하면서 차 한잔하고 갈 바란다. 게스트하우스도 함께 운영한다.

Ⓐ 전주시 완산구 서학로 7
Ⓣ 063-231-5233
Ⓗ 매일 08:00-20:00
Ⓜ Map → 3-★36

부채박물관 `MUSEUM`

전주 부채의 역사를 볼 수 있는 박물관. 전주는 한지와 대나무가 예로부터 유명해 조선 시대 부채를 만들고 관리하는 관청인 선자청이 존재했던 만큼 전주에서 부채는 빠질 수 없는 역사의 산물이다. 이곳에서는 조선 시대의 합죽선과 접부채, 단선 그리고 근대 유물까지 부채의 역사를 한눈에 살펴볼 수 있다. 간단한 부채 만들기 체험도 가능하다.

Ⓐ 전주시 완산구 천경로 37
Ⓣ 063-231-8527
Ⓗ 화-일 10:00-18:00
(월요일 휴무)
Ⓤ fanmuseum.co.kr
Ⓟ 관람료 1,000원
Ⓜ Map → 3-★37

구프오프 (P.088) `CAFE`

걱정을 떨쳐버리고 여유롭고 값진 식사 시간을 보내고 가길 바라는 마음에서 서학동예술마을에 식당을 차린 주인장. 브런치 메뉴뿐만 아니라 파스타, 리조또, 스테이크 등 다양한 양식 메뉴가 준비되어 있다.

Ⓐ 전주시 완산구 천경로 27-1
Ⓣ 010-5392-1677
Ⓗ 매일 10:30-21:30
Ⓘ @goofoff.brunch
Ⓜ Map → 3-R21

구름나무 `CAFE`

나무로 지어진 작은 북 카페. 식물을 좋아하는 주인장의 취향에 맞게 다양한 식물과 식물 관련 책들이 비치되어 있다. 조용히 차 한잔 마시며 책을 읽다 가기 좋은 곳이다.

Ⓐ 전주시 완산구 천경로 20-2
Ⓣ 010-4908-0343
Ⓗ 월-목, 토 10:00-21:00
(금, 일요일 휴무)
Ⓟ 핸드드립 아메리카노 5,000원
Ⓜ Map → 3-C16

> **Tip.**
> 한벽당에서 바라보는 풍경도 아름답지만, 한벽터널을 지나 전주자연생태박물관으로 가는 길이 잘 조성되어 있어 걸으면서 자연을 느끼길 추천한다.

완산구

한벽당 & 한벽터널

> **Tip.**
> 한벽당에서 내려오면 스물다섯 스물하나의 촬영지인 한벽터널을 만날 수 있다.

조선 시대 초기 누각. 승암산 기슭 발산 머리의 절벽을 깎아 터를 만들어 세운 누각으로 전라북도 유형문화재 제15호로 지정되었다. 정면 3칸, 측면 2칸의 팔작지붕으로 되어 있으며, 남원의 광한루, 무주의 한풍루와 함께 호남 삼한으로 불릴 만큼 운치 있다. 이에 따라 많은 시인과 묵객들이 이곳을 찾았으며, 호남읍지에는 이경전, 이경여, 이기발, 김진상 등 20여 명의 인사들이 한벽당에서 지었다는 시문이 실려 있어 이것만 보더라도 풍류를 즐기러 많은 이가 방문했다는 걸 알 수 있다. 완판본문화관을 지나 걷다 보면 한벽당을 바로 만날 수 있으니, 한옥마을을 구경한 후에 이곳을 방문하길 추천한다.

INFO
Ⓐ 전주시 완산구 기린대로 2
Ⓜ Map → 3-★34

Plus. 전주자연생태관

전주의 자연 생태를 살펴볼 수 있는 박물관. 민물고기 쉬리를 형상화한 전주자연생태박물관은 1층에는 전주천의 생태계, 생물정원 등이 있으며, 2층에는 반딧불이 정원, 수변 육상생물 등을 만나볼 수 있다.

Ⓐ 전주시 완산구 바람쐬는길 21
Ⓣ 063-288-9540
Ⓗ 화-일 하절기 5월-9월 09:00-19:00, 동절기 09:00-18:00 (월요일, 1월 1일, 설날, 추석 당일 휴무)
Ⓤ ecomuseum.jeonju.go.kr
Ⓟ 성인 2,000원, 청소년 1,000원, 어린이 500원
Ⓜ Map → 3-★33

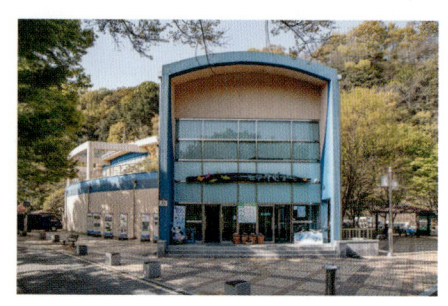

INFO
Ⓐ 전주시 완산구 교동 50-158
Ⓜ Map → 3-★23

Plus. 꼬지따뽕

자만벽화마을 내에 있는 카페. 비비드한 컬러로 벽면이 꾸며져 있는 이곳은 의자에 앉아있는 ET, 인형, 피규어 등이 전시되어 있어 구경하는 재미도 있다. 밖에서 보는 것과 다르게 내부도 넓으며, 테라스도 있어 자만벽화마을 걷다가 쉬어가기 좋다.

Ⓐ 전주시 완산구 자만동1길 1-8 Ⓣ 063-288-2277
Ⓟ 에이드 5,000원 Ⓜ Map → 3-C12

`완산구`

자만벽화마을

집집마다 형형색색 아기자기한 그림이 그려져 있는 벽화마을. 한국 전쟁 당시 피난민들이 하나둘씩 정착하면서 형성된 달동네를 2012년 녹색 둘레길 사업의 일환으로 주택 곳곳에 벽화를 그리면서 사람들에게 알음알음 알려지기 시작했다. 이웃집 토토로, 센과 치히로의 행방불명, 도라에몽, 스누피 등 인기 있는 캐릭터들이 그려져 있어 어느 벽에서 사진을 찍어도 인생 사진을 남길 수 있다. 전주한옥마을 맞은편에 있어 접근성도 좋다.

Plus. 두이모

꼬지따뽕에서 조금만 내려가면 있는 카페. 다양한 음료를 팔지만, 이곳의 시그니처 메뉴는 전주의 비빔밥 특성을 살린 비빔밥와플이다. 특제 밥을 와플 기계에 구워 갖가지 야채, 돼지고기를 그 안에 넣어 만든 메뉴로 한 끼 식사 대용으로도 좋다.

Ⓐ 전주시 완산구 자만동2길 21 Ⓣ 063-274-1212
Ⓗ 화-일 09:30-18:00 (월요일 휴무)
Ⓟ 비빔밥와플 6,000원
Ⓜ Map → 3-C13

INFO
Ⓐ 전주시 완산구 동완산동 산124
Ⓜ Map → 3-★6

`완산구`

완산칠봉꽃동산

Tip.
겹벚꽃 시즌에는 주차가 어려울 수 있으니, 아래에 차를 두고 걸어 올라가는 게 좋다.

연분홍 벚꽃이 질 즈음 완산칠봉꽃동산에는 사람들이 북적이기 시작한다. 이곳에 진분홍의 겹벚꽃과 빨간 철쭉이 흐드러지게 피기 때문. 꽃 사이사이 들어가 사람들은 너도나도 사진을 찍는다. 지금은 이렇게 봄이 찾아오면 사람들에게 아름다운 추억을 선사하는 곳이기도 하지만 동학농민운동 때 격전이 벌어졌던 가슴 아픈 역사를 품고 있는 곳이기도 하다. 역사와 전주의 봄을 품고 있는 이곳에서 사랑하는 이와 아름다운 시간을 보내보자.

> **Tip. 토요상설공연**
>
> 매주 토요일 오후 4시에 얼쑤마루에서 판소리, 아쟁산조, 판놀음, 해금 등 다양한 무형유산 공연을 무료로 관람할 수 있다.

`완산구`

국립무형유산원

인류의 무형문화유산을 보호하고, 전승하기 위해 설립된 세계 최초 무형유산 복합행정기관. 우리나라 무형문화유산의 가치에 대해 알아볼 수 있는 상설전시실과 다양한 주제들로 꾸며진 기획전시실, 무형유산을 온몸으로 체험할 수 있는 체험장 등이 있다. 토요일에는 토요상설공연도 무료로 열리니 주말에 방문한다면 관람해 보자. 국제무형문화유산영상축제, 대한민국 무형문화재대전 등도 이곳에서 열린다.

INFO
- Ⓐ 전주시 완산구 서학로 95　Ⓣ 063-280-1400
- Ⓗ 상설전시 화-일 09:30-17:30 (월요일, 1월 1일 휴무)　Ⓤ nihc.go.kr
- Ⓘ @nihc2014　Ⓜ Map → 3-★35

> **Plus. 남고산성**
>
> 고덕산 자락을 따라 쌓아진 산성으로 후백제 견훤이 도성인 전주의 방어를 위해 쌓았다. 현재 남아있는 성벽은 임진왜란 당시 왜군을 막기 위해 쌓은 것이다.
>
> Ⓜ Map → 3-★28

`완산구` **남고사**

고덕산에 자리한 사찰. 70~80년대 전주 소풍 장소로 인기 있었던 남고산성 안에 있다. 고구려에서 백제로 귀화한 보덕의 제자 명덕이 668년 창건한 사찰로 금산사의 말사이다. 대웅전, 관음전, 삼성각, 사천왕문 등이 있으며, 옛 절터 남고사지는 전라북도 기념물 제72호로 지정되었다. 남고산성을 따라 남고사 방향으로 올라가다 보면 푸르른 나무와 향냄새로 심신이 안정되어 근심 걱정을 덜 수 있다.

INFO
- Ⓐ 전주시 완산구 남고산성1길 53-88
- Ⓣ 063-284-9640　Ⓜ Map → 3-★29

완산구

전라감영

Tip. 달밤산책
매일 저녁 7시부터 약 1시간가량 당일 현장 선착순 20명에 한해 전라감영 야간해설투어를 무료로 진행한다. 전라감영 정문에서 출발해 선화당, 내아, 연신당, 관풍각을 이동하며 문화관광해설사로부터 조선 시대 역사와 문화 이야기를 들을 수 있다.

조선 시대 초부터 1896년까지 약 500여 년 동안 지금의 전라북도와 전라남도, 제주도를 관할하던 감사가 직무를 보던 곳. 근대화 과정과 폭발 사고로 없어졌지만, 2017년 복원공사를 시작해 감사의 집무실인 선화당, 감사의 주거 공간인 연신당, 가족 처소인 내아, 누각인 관풍각 등을 복원해 2020년 사람들에게 개관됐다. 지금은 역사 체험 현장으로, 또 시민들은 산책을 하기 위해 발걸음을 하고 있다.

INFO
Ⓐ 전주시 완산구 전라감영로 55
Ⓗ 매일 하절기 3월-10월 09:00-21:00, 동절기 11월-2월 09:00-18:00
Ⓜ Map → 3-★4

완산구

정혜사 (P.036)

전주 도심에 있는 사찰이다. 비구니 사찰로 일제강점기에 최향관의 외손녀 비구니 명주가 보광전을 짓고 이름을 정혜사로 고쳤다. 봄이 되면 색색의 꽃들이 정혜사를 감싸 아름다운 풍광을 감상할 수 있어 여행객들도 알음알음 찾아오는 곳이다.

INFO
Ⓐ 전주시 완산구 외칠봉1길 36
Ⓣ 063-284-3732
Ⓜ Map → 3-★1

INFO
Ⓐ 전주시 완산구 바람쐬는길 87
Ⓜ Map → 3-★30

완산구

평화의 전당 & 바람쐬는 길 (P.034)

과거 승암산이라 불린 이곳은 천주교 순교자들이 묻힌 이후 치명자산이라 불리게 되었다. 이 길을 걷다 보면 순례자들을 위한 나눔과 치유의 공간인 평화의 전당도 만날 수 있다. 바람쐬는 길까지 이어지니 천천히 걸으며 치유하는 시간을 가져보자.

[완산구]

객리단길

트렌디한 카페와 숍, 식당들을 찾고 싶다면 망설이지 말고 객리단길로 향하자. 조선 시대 유적인 객사와 서울의 경리단길을 합쳐 객리단길이라 부르는 이곳을 걷다 보면 매력적인 공간들을 마주하게 된다. 인테리어 소품, 문구류를 파는 숍부터 옷 가게, 오랜 사랑을 받은 맛집, 아기자기한 카페 등 자신만의 고유한 개성을 가진 곳들이 많으니 천천히 거리를 걸으며 분위기에 이끌려 들어가 보자. 전주국제영화제가 열리는 곳인 만큼 영화관 등 문화생활을 누릴 수 있는 곳들도 많다.

INFO
Ⓐ 전주시 완산구 중앙동2가 10-1
Ⓜ Map → 3-★2

Tip.
밤에 갈 수 있는 식당, 와인바, 펍 등도 객리단길에 많다.

객리단길 숍 & 카페

SHOP

오브젝트 전주점 (P.098)

소품, 문구류를 좋아한다면 꼭 들러야 하는 숍. 컵, 파우치, 키링, 크로스백, 노트 등 오브젝트에서 자체 제작한 상품 외에도 작가들의 다양한 제품들을 구매할 수 있다.

Ⓐ 전주시 완산구 전주객사3길 74-36
Ⓣ 063-288-1002
Ⓗ 매일 12:00-20:00
Ⓜ Map → 3-S5

SHOP

오디너리크래프트클럽 (P.099)

가죽 공예를 하는 주인장이 연 편집숍. 가죽으로 만든 제품 외에도 인센스 스틱 홀더, 화병, 머그컵 등 다양한 소품들을 구매할 수 있다. 2층에서는 가죽 공예 등을 원데이 클래스로 배울 수 있다.

Ⓐ 전주시 완산구 전라감영2길 24
Ⓣ 063-225-8192
Ⓗ 금-토 14:00-20:00 (일-목요일 휴무)
Ⓤ ordinarycraftclub.com
Ⓘ @ordinary_craftclub　Ⓜ Map → 3-S2

CAFE

321베렌도 (P.073)

휘낭시에, 쿠키, 크로플, 마들렌 등 다양한 디저트를 만들어 판매하는 곳. 르 꼬르동 블루를 수석 졸업한 두 명의 파티시에가 운영하는 디저트 카페이다. 시즌별로 메뉴가 조금씩 달라진다.

Ⓐ 전주시 완산구 전주객사3길 32-6
Ⓣ 063-231-8822
Ⓗ 일-화, 목 12:00-21:00, 금-토 12:00-22:00 (수요일 휴무)
Ⓘ @321berendo_cafe　Ⓜ Map → 3-D6

Tripful — SPOTS TO GO

전주국제영화제
ⓘ jeonjufest.kr

새로운 대안적 영화와 디지털 영화를 소개하는 비경쟁 영화제. 2000년 4월 처음 개최한 이후 매년 4월 말에서 5월 초 사이 전주 영화의 거리에서 열린다. 영화감독을 만나 이야기를 나눌 수 있는 시간 등 다양한 볼거리와 프로그램도 마련되어 있다.

영화의 거리

문화 예술의 다양성이 인정받는 전주에는 영화 또한 하나의 문화, 예술로 자리잡고 있다. 객사단길에 있는 영화의 거리에는 영화관, 예술독립영화를 볼 수 있는 복합문화공간인 전주영화제작소뿐만 아니라 매년 비경쟁 영화제인 전주국제영화제도 이 거리에서 개최된다.

Ⓐ 전주시 완산구 전주객사5길
Ⓜ Map → 3-★31

전주영화제작소

예술독립영화와 영상문화기반 콘텐츠를 한곳에서 볼 수 있는 복합문화공간. 독립예술영화 전용관인 전주디지털독립영화관과 독립예술영화, 한국고전영화 VOD 서비스 및 영화 관련 도서를 열람할 수 있는 자료열람실 등을 갖추고 있다.

Ⓐ 전주시 완산구 전주객사3길 22
Ⓣ 063-282-1400
Ⓗ 평일 10:00-19:00 (주말 휴무)
ⓘ jeonjucinecomplex.kr
Ⓜ Map → 3-★3

CAFE

브리꼴라주 (P.064)

낡은 건물을 공간 재생한 카페. 다양한 산지의 생두를 로스팅해 추출한 커피와 직접 만든 베이커리를 맛볼 수 있다. 커피 클래스도 진행하니 관심 있다면 참여해 보자.

Ⓐ 전주시 완산구 전주객사2길 23-7
Ⓣ 063-285-0501
Ⓗ 평일 12:00-21:30, 주말 12:00-22:00
ⓘ @bricolage_
Ⓜ Map → 3-C7

CAFE

레이지크해비탯 (P.069)

동화 속에 온 것 같은 기분을 느끼게 하는 카페. 음료, 디저트 외에 브런치 메뉴도 다양해 한 끼 식사를 하기에도 좋은 곳이다. 반려견 동반도 가능하니 참고하자.

Ⓐ 전주시 완산구 전주객사1길 46-11
Ⓣ 063-903-4611
Ⓗ 매일 10:00-22:00
ⓘ @lazyke_habitat
Ⓜ Map → 3-C6

CAFE

오프온 (P.066)

강경호 사진작가가 2014년 미국 여행 중 촬영한 뉴욕 거리의 사진들이 전시되어 있는 카페. 내부가 무채색으로 꾸며져 있어 사진을 더 돋보이게 한다.

Ⓐ 전주시 완산구 팔달로 201-6 2F
Ⓣ 010-5243-1603
Ⓗ 매일 13:00-22:00
ⓘ @offon_kr
Ⓜ Map → 3-C10

JEONJU : NEW TOWN & INNOVATION CITY

문화가 함께하는 곳, 신시가지 & 혁신도시

문화생활을 즐기기 좋은 박물관과 인생 사진을 남길 수 있는 수목원, 그리고 다채로운 매력의 카페와 식당, 숍들까지. 여행자들에게 새롭게 떠오르고 있는 신시가지와 혁신도시를 만나보자.

완산구 효자동 일대에 위치한 신시가지와 덕진구 혁신동에 위치한 혁신도시. 인구 밀집도가 높은 곳으로 대단지 아파트들과 편의시설 등 많은 인프라가 이곳에 몰려 있다.

Tip.
습지원 위치로 가면 벤치에 앉아 자연을 배경으로 인생 사진을 찍을 수 있는 곳이 있다. 주말에는 줄 서서 사진을 찍어야 할 만큼 인생 사진 명소로 유명하다.

덕진구
전주수목원

여러 식물들과 꽃들을 볼 수 있는 수목원으로 한국도로공사에서 운영한다. 고속도로를 건설하면서 훼손된 자연환경 복구를 위해 다양한 식물종을 모아 1974년 조성되었다. 10만 평 규모의 부지에 3,700여 종의 식물들이 자리 잡고 있어 어디서 사진을 찍어도 인생 사진을 건질 수 있다. 봄에는 튤립이, 가을에는 단풍이 아름답게 물들어 사계절 싱그러운 곳이다.

INFO
Ⓐ 전주시 덕진구 번영로 462-45 Ⓣ 063-714-7200
Ⓗ 화~일 하절기 3월 15일-9월 15일 09:00-19:00, 동절기 9월 16일-3월 14일 09:00-18:00 (월요일, 설날, 추석 당일 휴무)
Ⓤ ex.co.kr/arboretum Ⓜ Map → 2-★1

덕진구
서고사

전주의 서쪽을 지키는 사고 사찰의 하나로 황방산에 자리했다. 돌산에 위치해 있어 돌이 많으며, 일제강점기 이곳에 기찻길을 만들기 위해 사찰의 석탑과 부처 등을 가져간 아픈 역사를 지닌 곳이기도 하다. 지금은 수행을 위해 많은 이가 찾는 사찰이 됐으며, 내려가는 길에는 전주 혁신도시가 한눈에 내려다보여 가슴이 뻥 뚫린다.

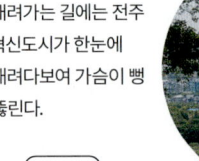

INFO
Ⓐ 전주시 덕진구 정여립로 1010-90
Ⓣ 063-212-7709 Ⓜ Map → 2-★5

덕진구

기지제 (P.037)

혁신도시에 위치한 도심 속 수변공원. 농업용수 공급을 위해 만들어진 저수지가 지금은 시민들의 일상에 활력을 불어넣어 주는 곳이 됐다.

INFO
- Ⓐ 전주시 덕진구 중동로 104-6　Ⓜ Map → 2-★4

덕진구

팔복예술공장

Plus. 팔복동 이팝나무 철길

5월 초가 되면 팔복동 철길에는 이팝나무가 흐드러지게 핀다. 실제 하루 2번 열차가 다니는 곳이니 위험하게 철길에 들어가면 안 된다. 눈으로 풍경을 담거나 철길이 아닌 옆에서 사진을 남기자.　Ⓜ Map → 2-★3

90년대 초까지 카세트테이프를 생산하던 공장이 2018년 문화 예술 플랫폼으로 변신했다. 전시, 예술 놀이, 예술교육 등 다양한 예술 경험을 할 수 있는 공간이 되었다. 카세트테이프 공장에서 근무했던 근무자가 바리스타로 있는 카페써니, 국내 작가들이 모여 다양한 창작 활동을 펼치는 창작스튜디오, 이팝나무 사이 아이들이 뛰어놀 수 있는 팔복야호예술놀이터 등 문화 예술을 가까이서 접할 수 있다. 이팝나무 그림책 도서관도 이곳에 있다.

INFO
- Ⓐ 전주시 덕진구 구렛들1길 46　Ⓣ 063-211-0288　Ⓗ 화-일 10:00-17:30 (월요일, 설날, 추석 당일 휴무)
- Ⓤ palbokart.kr　Ⓘ @__palbok__art　Ⓜ Map → 2-★2

완산구

국립전주박물관

전라북도 대표 국립박물관으로, 1990년 개관했다. 전북에서 출토된 고고 유물을 비롯해 서화, 도자기, 공예 미술품 등 전북 중요 문화재 4만여 점을 소장하고 있다. 대표 문화재를 전시한 상설전시와 다양한 주제의 특별전시도 진행하고 있으니 천천히 관람해 보자. 야외 정원에서는 굴렁쇠 굴리기, 제기차기 등 민속놀이도 할 수 있으며, 날이 좋은 날에는 돗자리를 펴고 휴식을 취할 수도 있다.

Plus. 어린이박물관

국립전주박물관 내에 있는 어린이박물관. 선비의 일생과 전주의 역사, 문화를 체험할 수 있다. 체험을 하기 위해서는 예약 후 방문하자. 1일 4회 운영한다.

Ⓗ 매일 10:00-18:00 (매월 셋째 주 월요일, 1월 1일, 설날, 추석 당일 휴무)
Ⓤ jeonju.museum.go.kr/kids

INFO
- Ⓐ 전주시 완산구 쑥고개로 249　Ⓣ 063-223-5651
- Ⓗ 평일 10:00-18:00, 토 10:00-21:00, 일, 공휴일 10:00-19:00 (1월 1일, 설날, 추석 당일 휴무)
- Ⓤ jeonju.museum.go.kr
- Ⓘ @national_jeonju.museum　Ⓜ Map → 2-★6

완산구

전주역사박물관

전주의 역사와 문화를 살펴볼 수 있는 박물관. 선사 시대부터 근현대까지의 전주 역사를 한눈에 살펴볼 수 있는 전주역사실, 전주의 한지, 음식, 소리, 서화 등의 문화 예술을 확인할 수 있는 문화예술실, 동학농민혁명실 등 상설전시와 매번 새로운 문화 주제로 전시를 하는 기획전시를 관람할 수 있다. 국립전주박물관 바로 옆에 있어 함께 둘러보기 좋다.

INFO
- Ⓐ 전주시 완산구 쑥고개로 259
- Ⓣ 063-228-6485
- Ⓗ 화-일 09:00-18:00 (월요일 휴무)
- Ⓤ jeonjumuseum.org　Ⓘ @jeonjumuseum
- Ⓜ Map → 2-★7

JEONJU : DEOKJIN

도심 속 힐링, 덕진 일대

높은 빌딩 사이 푸릇푸릇한 공원과 잔잔한 호수가 여럿 자리 잡고 있는 곳, 나들이 장소로 항상 손에 꼽히던 동물원이 있는 곳, 덕진. 덕진은 바쁜 현대인들의 쉼터 같은 공간이자 저마다의 추억이 깃든 장소를 품고 있는 곳이다. 그 길을 걸으면서 한 템포 쉬어가는 시간을 가져보자.

덕진구

전주한옥레일바이크

> Tip.
> 홈페이지나 네이버로 예약을 미리 하면 할인받을 수 있다.

아중역에서 왜망실까지 왕복 3.4km를 달릴 수 있는 레일바이크. 옛 전라선인 아중역 폐선 부지에 설치하면서 국내 최초 전 구간 도심 속을 달릴 수 있게 됐다. 기찻길 중간중간 좋은 글귀들이 적혀 있으며, 색색의 바람개비, 반짝이는 터널도 설치되어 있어 남녀노소 재밌게 탈 수 있다. 포토존도 곳곳에 설치되어 있어 시간이 남았다면 사진을 찍으며 기다리자. 탑승 시간이 정해져 있으니 사이트를 확인하고 예약하길 바란다.

INFO
- Ⓐ 전주시 덕진구 동부대로 420 Ⓣ 063-273-7788
- Ⓗ 수-월 10:00-17:30 (화요일 휴무) Ⓤ jeonju-railbike.kr
- Ⓘ @jeonju_railbike ② 2인승 25,000원, 3인승 29,000원, 4인승 33,000원
- Ⓜ Map → 4-★7

INFO
- Ⓐ 전주시 덕진구 우아동1가 851
- Ⓣ 063-281-2888
- Ⓜ Map → 4-★8

덕진구

전주시 양묘장

봄이 찾아오면 전주시 양묘장에는 사람들로 북적이기 시작한다. 과거 쓰레기 매립장이었던 곳이 봄에는 보랏빛 수레국화가, 가을에는 연분홍 코스모스가 만개하면서 이를 배경으로 사진을 남기는 이들과 나들이를 나온 가족들로 삼삼오오 모여든다. 외국 느낌을 주는 온실 안에는 다양한 식물들이 있어 아이들 체험학습장으로도 좋다. 전주의 자연을 품고 있는 양묘장에서 여유로운 시간을 보내보자.

[덕진구]

전주동물원

40여 년 전부터 전주 최고의 나들이 장소로 꼽히던 전주동물원. 어릴 때 동물원에 추억이 많았던 전주 사람들이 아이를 데리고 다시 오는 추억의 테마파크이다. 코끼리, 호랑이, 사자, 표범, 독수리 등 다양한 동물들을 만나볼 수 있다. 동물원 내에는 관람차, 바이킹, 회전목마 등 놀이기구도 있어 아이, 연인과 데이트 코스로 제격이다. 봄이 되면 벚꽃이 동물원 거리 가득 채우고 있어 벚꽃 명소로도 유명하다.

Tip.
바이킹, 청룡열차, 범퍼카, 회전목마, 회전그네, 대관람차 등 놀이기구의 경우 한 번 탈 때 비용을 따로 내야 한다. 3기종, 5기종, 7기종 등 많이 탈수록 비용이 더 할인되니 할인권을 구매하자.

INFO
Ⓐ 전주시 덕진구 소리로 68 ☏ 063-281-6759
Ⓗ 매일 하절기 3월-10월 09:00-19:00, 동절기 11월-2월 09:00-18:00
Ⓤ zoo.jeonju.go.kr Ⓘ @jeonjuzoo
Ⓟ 성인 3,000원, 청소년 2,000원, 어린이 1,000원
Ⓜ Map → 4-★5

Plus. 포장마차 거리
전주동물원 주차장 옆으로 포장마차들이 줄지어 있다. 낮에는 간단한 식사를 할 수 있는 곳으로, 밤에는 술 한잔할 수 있는 곳으로 제격이다. 삼겹살, 김치찌개, 떡라면, 골뱅이무침, 파전 등 메뉴도 다양하다.
Ⓐ 전주시 덕진구 덕진동1가 640-10
Ⓜ Map → 4-★4

[덕진구] **아중호수** (P.035)

과거 농업용수를 공급하던 저수지가 시민들의 산책로로 재탄생했다. 밤이면 조명이 켜져 낮뿐만 아니라 밤에도 산책하기 좋다.

INFO
Ⓐ 전주시 덕진구 우아동1가 745-2
Ⓜ Map → 4-★9

[덕진구] **덕진공원** (P.036)

전주시 중심에 있는 덕진호를 따라 만들어진 공원. 산책로가 잘 정비되어 있으며, 아이, 가족들과 함께 소풍 오기 좋은 장소이다.

INFO
Ⓐ 전주시 덕진구 권삼득로 390
☏ 063-239-2670 Ⓜ Map → 4-★2

[덕진구] **세병공원** (P.035)

높게 올라간 아파트 사이에 위치한 푸르른 공원. 잔디밭이 드넓게 깔려 있어 반려견, 아이들과 뛰어놀기 좋다.

INFO
Ⓐ 전주시 덕진구 송천동2가 1316
Ⓜ Map → 4-★1

01

SPACE REGENERATION CAFE : 전주의 과거를 담고, 공간 재생 카페

02

GALLERY CAFE : 카페가 작품이 되는 공간

03

CAFE IN JEONJU : 감각적인 전주의 카페

04

DESSERT & BAKERY : 달콤한 여행, 디저트 & 베이커리

05

BEER & MAKGEOLLI : 로컬의 밤 속으로, 가맥집 & 막걸리골목

06

BAR & PUB : 밤이 매력적으로 변하는 시간, 바 & 펍

[SPECIAL]

JEONJU LOCAL FOOD : 추천! 전주 로컬 푸드

EAT UP

맑은 물과 비옥한 토지에서 자란 식자재를 바탕으로 독자적인 식문화가 발달한 전주.
비빔밥, 콩나물국밥, 한정식 등 전주에서 시작한 향토 음식부터 로컬들이 사랑한 맛집과 가맥집까지.
눈과 입을 모두 즐겁게 해줄 전주 맛의 세계로 초대한다. 감각적인 카페와 달달한 디저트는 덤.

07
TASTY JEONJU : 전주를 맛보는 시간, 전주 음식

08
JEONJU KONGNAMUL GUKBAP : 콩나물국밥, 어디서 먹을까?

09
JEONJU HANJEONGSIK : 푸짐한 한상차림, 전주 한정식

10
LOCAL RECOMMENDATION : 로컬도 반한 맛집

11
VEGAN : 건강한 한 끼, 비건 식당 & 카페

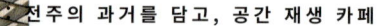
SPACE REGENERATION CAFE 전주의 과거를 담고, 공간 재생 카페

SPACE REGENERATION CAFE
전주의 과거를 담고, 공간 재생 카페

방치되고 버려진 공간들을 개조해 새로운 이야기를 담은 공간 재생 카페들이 계속해서 생겨나고 있다. 동네 목욕탕을 개조한 카페부터 정미소를 재생한 카페까지. 과거 전주의 이야기를 담고 있는 공간들을 만나보자.

1 브리꼴라주

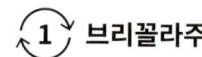

1931년 지어진 낡은 건물에 감각적인 요소를 채워 넣은 카페. 다양한 산지의 생두를 로스팅해 추출한 커피와 직접 만든 베이커리를 맛볼 수 있는 곳이다. 커피 맛이 좋은 이곳의 시그니처 메뉴는 버터 범과 아인슈페너. 버터 범의 경우 밑에 뚜껑을 잡고 조심히 잘 흔들어서 먹어야 한다. 매주 토요일 커피 클래스도 진행하니 관심이 있다면 문의해 보자.

INFO
Ⓐ 전주시 완산구 전주객사2길 23-7 Ⓣ 063-285-0501
Ⓗ 평일 12:00-21:30, 주말 12:00-22:00 @ @bricolage_
Ⓟ 버터 범 6,000원 Ⓜ Map → 3-C7

2 마노아

이스라엘어로 편안한 휴식, 쉼표라는 뜻을 가진 이곳은 과거 교회였던 곳을 리모델링한 카페이다. 푸르른 정원에 앤티크한 건물이 조화를 이룬 카페를 방문하는 이들에게 편안함을 선사한다. 음료 메뉴는 에이드, 스무디, 커피 등 다양하며, 아보카도 과카몰리 샌드위치, 신선한 과일이 들어간 과일 토스트, 치아바타 샌드위치 등 다양한 브런치 메뉴도 판매한다.

INFO
Ⓐ 전주시 완산구 계룡산길 46 Ⓣ 063-227-1788 Ⓗ 매일 10:00-22:00
Ⓟ 마노아 에이드 7,500원 Ⓜ Map → 3-C1

3 색장정미소

약 70년이 지난 곡식을 도정하던 오래된 정미소를 복원한 카페. 동화 속에 들어온 것 같은 기분을 자아내는 이곳에서는 다양한 골동품과 예술 작품을 감상할 수 있다. 2층 다락방 공간으로 올라가면 인생 사진도 남길 수 있으니 꼭 남겨보자. 단, 지붕 위라 위험할 수 있으니 주의할 것. 옆에 자리한 감나무집 옛 건물은 미술학교 애기똥풀로 펜아트, 생활 미술 공간으로 사용되고 있다.

> **INFO**
> Ⓐ 전주시 완산구 원색장길 2-15 Ⓣ 063-272-2460 Ⓗ 매일 11:00-21:00
> Ⓘ @saekjangdong_official Ⓟ 자몽보숭이 7,000원 Ⓜ Map → 3-C15

4 기린토월

동네의 옛 목욕탕이었던 호수옥사우나를 공간 재생한 카페. 탕, 사우나, '물을 아껴 씁시다.'라는 문구 등 목욕탕의 옛 흔적이 그대로 남아있다. 음료와 디저트 메뉴가 여럿 있으며, 이곳의 시그니처 메뉴는 고소하고 달콤한 아 커피, 아몬드와 밤이 들어간 아밤커피, 크림라떼, 얼쑥라떼 등이 있다. 계단을 따라 위로 올라가면 한 뼘 미술관도 있어 작품 감상도 가능하다.

> **INFO**
> Ⓐ 전주시 완산구 마당재2길 75
> Ⓣ 0507-0465-8074
> Ⓗ 월-토 10:00-19:00 (일요일 휴무)
> Ⓘ @cafe.kirintowol Ⓟ 아 커피 5,500원
> Ⓜ Map → 3-C12

GALLERY CAFE : 카페가 작품이 되는 공간

GALLERY CAFE
카페가 작품이 되는 공간

문화 예술이 함께하는 공간이 많은 전주는 카페에도 예술이 스며들어 있다. 사진 전시부터 신진 작가들의 그림 전시까지. 음료를 마시면서 일상에서도 문화를 향유하는 시간을 가져보자.

 1 비화실

숨겨진 화실이라는 이름답게 조용한 주택가에 숨어 있는 카페. 야외 공간을 따라 들어서면 고양이들이 따사로운 햇살을 받으며 쉬고 있는 모습을 볼 수 있다. 도심에서 벗어난 느낌을 주는 이곳은 일상에 지친 사람들에게는 편안한 휴식을, 문화생활을 즐기고 싶은 사람에게는 따스함이 스며든 전시를 선물한다. 전시의 경우 약 한 달 주기로 바뀌니 참고할 것.

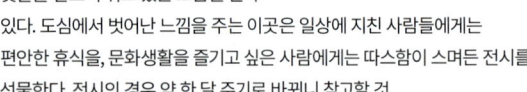

INFO
Ⓐ 전주시 완산구 밤나무1길 8-5
Ⓣ 063-909-0188 Ⓗ 매일 11:00-21:00
Ⓘ @behwasil Ⓟ 크림 라떼 5,000원
Ⓜ Map → 3-C3

 2 오프온

사진 전시를 기반으로 한 카페. 내부로 들어서면 무채색으로 꾸며진 공간이 벽에 걸린 사진을 더 돋보이게 한다. 강경호 사진작가가 2014년 미국 여행 중 촬영한 뉴욕 거리의 사진들을 감상하며 음료를 마실 수 있다. 카페 이름인 오프온처럼 이곳에서 지친 일상을 오프해보는 건 어떨까. 사진을 보며 받은 영감과 휴식으로 일상에 돌아가 다시 온길 바란다.

INFO
Ⓐ 전주시 완산구 팔달로 201-6 2F
Ⓣ 010-5243-1603 Ⓗ 매일 13:00-22:00 Ⓘ @offon_kr
Ⓟ 레몬 크리스탈 에이드 6,500원 Ⓜ Map → 3-C10

3 행원

은행나무가 있는 집이란 뜻을 가진 복합문화공간. 일제강점기 전에는 전주를 대표하는 국악원 자리였으며, 지금은 예술인, 국악인 등이 공연을 선보이는 카페로 탈바꿈했다. 현대 민화 작가들의 작품을 만날 수 있는 민화관, 국악 공연을 감상할 수 있는 풍류관, 예술인들의 작품을 감상할 수 있는 와유관, 정원으로 공간이 구성되어 있다. 매주 토요일 오후 4시가 되면 국악 공연을 감상할 수 있다.

INFO
- Ⓐ 전주시 완산구 풍남문3길 12   Ⓣ 063-284-6566
- Ⓗ 화-일 10:00-22:00 (월요일 휴무)   Ⓘ @cafe_haengwon
- Ⓟ 쌍화차 8,000원   Ⓜ Map → 3-C11

4 향유갤러리

문화 예술을 향유할 수 있는 카페. 어떤 이에게는 예술을, 또 다른 이에게는 편안한 공간을 제공하고 싶은 주인장의 마음이 잘 담겨있다. 2주마다 작품이 바뀌며, 대관료를 따로 받지 않아 신예 작가부터 중견 작가까지 다양한 작품을 감상할 수 있다. 그림 전시와 관련된 내용도 받아볼 수 있으니 요청해서 읽어봐도 좋다. 말차 슈페너와 함께 직접 만든 까눌레를 먹으며 작품을 감상해 보자.

INFO
- Ⓐ 전주시 완산구 홍산남로 75   Ⓣ 070-8830-9911
- Ⓗ 화-일 11:30-22:00 (월요일 휴무)   Ⓘ @hyangyu.gallery
- Ⓟ 말차 슈페너 7,000원   Ⓜ Map → 2-C2

CAFE IN JEONJU
감각적인 전주의 카페

하나의 카페에 가기 위해 여행을 떠나는 이들이 많아지고 있다. 그만큼 하루에도 수많은 카페가 생겨나고 있다. 그중 뛰어난 커피 맛은 물론, 공간마다 저마다의 개성이 가득한 카페들을 소개한다.

1 웨이메이커 호성점

하얀 외관을 중심으로 물이 감싸고 있는 카페. 본관과 별관, 가든으로 커피를 마실 수 있는 곳이 나누어져 있다. 공간마다 특색이 있어 어디서 사진을 찍어도 예쁜 사진을 남길 수 있다. 별관에서는 도심 속 농촌 뷰를, 가든에서는 이국적인 풍경을 감상할 수 있어 자신의 취향에 맞게 자리에 앉아보자. 음료 종류도 다양하며, 샌드위치, 샐러드도 판매한다.

INFO
- Ⓐ 전주시 덕진구 고당1길 21-9
- Ⓣ 063-275-2111 Ⓗ 월~토 09:30-22:00 (일요일 휴무)
- Ⓟ 카스피해 유산균 요거트 6,500원
- Ⓜ Map → 4-C1

2 수지커피

동화 속 정원에 온 것 같은 느낌을 주는 카페. 카페에 들어서면 초록색의 싱그러운 풀과 색색의 꽃들이 정원 가득 메우고 있다. 음료는 23가지 천연 약초가 들어간 쌍화차부터 대추차, 말차슈페너, 수제 요거트까지 다양한 메뉴가 있으며, 허니브레드, 쿠키, 휘낭시에 등 디저트도 판매한다. 맥주도 판매해 밤이 되면 낮과 다른 또 다른 느낌을 주니 낮에 방문해도 좋고, 밤에 방문해도 좋다.

INFO
- Ⓐ 전주시 완산구 용리로 49
- Ⓣ 063-236-9575 Ⓗ 매일 11:00-24:00
- Ⓟ 말차라떼 6,000원 Ⓜ Map → 3-C2

3 피닉스

평범한 주택가 사이 핫핑크 외관이 눈에 띄는 복합문화공간. 일상과 이상에서 쉽게 놓치고 있는 것들을 시각과 감각으로 느낄 수 있도록 표현하기 위해 노력한다는 주인장의 소신이 카페 곳곳에 묻어나 있다. 층마다 다른 작품이 전시되어 있으니 원하는 곳에 앉아 음료와 디저트를 즐겨보자. 피닉스에서 제작한 텀블러, 그라인더, 우산 등 다양한 MD 상품도 판매한다.

INFO
- Ⓐ 전주시 완산구 따박골6길 25
- Ⓣ 010-7397-4272 Ⓗ 매일 11:00-22:00
- Ⓘ @phoenix_place_jungsan
- Ⓟ 본다이 크루저 6,500원
- Ⓜ Map → 3-C5

Plus. 다니스

다양한 향을 가진 룸 스프레이, 디퓨저부터 바디워시, 핸드크림, 샴푸 등 스킨케어 제품까지 구매할 수 있는 숍. 피닉스에서 음료를 시킨 후 이곳에 와 천천히 구경하는 걸 추천한다.

- Ⓣ 010-9343-4272
- Ⓗ 매일 11:00-21:00
- Ⓘ danis_official_skincare

4 레이지크해비탯

객리단길에 자리한 작은 마당이 있는 카페. 주택을 개조한 이곳은 안으로 들어서면 앤티크 소품들이 진열되어 있어 아기자기한 분위기를 풍긴다. 애플, 유자가 블렌딩된 시즌 스페셜 티부터 오픈샌드위치, 감바스, 수프, 쇼콜라 등 베이커리, 브런치 메뉴도 다양하다. 야외 정원 자리에는 반려견 동반도 가능하니 반려견과 함께 여행 왔다면 이곳에서 시간을 보내보자.

INFO
- Ⓐ 전주시 완산구 전주객사1길 46-11
- Ⓣ 063-903-4611 Ⓗ 매일 10:00-22:00
- Ⓘ @lazyke_habitat
- Ⓟ 초봄 블랜드 6,000원 Ⓜ Map → 3-C6

CAFE IN JEONJU : 감각적인 전주의 카페

5 빌런

빨간 벽돌 건물과 나무 문이 유럽 거리에 온 것 같은 착각이 들게 하는 카페. 안으로 들어서면 향긋한 커피 향이 은은하게 풍긴다. 주인장의 추천 음료는 에스프레소와 골디락스커피. 커피 맛도 뛰어나지만 직접 그 자리에서 만들어주는 치즈 크로플과 초콜릿 크로플 맛도 좋다. 맛이 고민된다면 반반으로 시켜보자. 2층까지 자리가 있으니 2층에서 음료와 크로플을 먹으며 시간을 보내도 좋다.

INFO
- Ⓐ 전주시 완산구 전라감영로 44   ☏ 010-4067-8463
- Ⓗ 매일 12:00-21:30   Ⓘ @_cafe_villain
- Ⓟ 골디락스커피 5,500원, 반반 크로플 7,800원
- Ⓜ Map → 3-C9

INFO
- Ⓐ 전주시 덕진구 원동로 16   ☏ 070-4197-9284
- Ⓗ 매일 10:00-22:00   Ⓘ @dionycafe
- Ⓟ 코코넛샤베트 8,000원
- Ⓜ Map → 2-C1

7 디오니카페

미술관을 연상케 하는 외관과 푸릇한 정원이 아름답게 꾸며져 있는 대형 카페. 넓은 공간만큼 어디에 앉아도 전주의 색다른 풍경을 볼 수 있다. 테라스도 있으니 날이 좋은 날에는 야외에서 마셔보자. 이곳의 시그니처 음료는 달콤한 코코넛과 커피가 들어간 코코넛샤베트, 쑥의 풍미와 크림의 부드러움이 느껴지는 쑥슈페너 등이 있다. 로제떡볶이, 프레즐, 피자 등 간단하게 식사할 수 있는 메뉴도 있다.

Plus. 향수 체험
이곳에서 자신만의 향수를 직접 만들 수 있다. 직접 만들지 않더라도 향초로 먼저 시향해 볼 수 있으며, 마음에 드는 향이 있으면 시향지에 뿌려 맡아 보고 구매도 가능하다.

6 일리예

매일 직접 끓여낸 신선한 밀크티를 맛볼 수 있는 카페이자 향수공방. 영국 왕실에서 사용되는 아쌈티잎을 사용해 향기가 깊고 풍부한 로얄 밀크티, 싱그러운 그린티와 향긋한 자스민이 조화로운 부드럽고 달콤한 타이 그린 밀크티가 이곳의 시그니처 메뉴이다. 이 외에도 직접 추출한 콜드브루, 홍차 향이 가득한 이탈리아식 푸딩인 판나코타까지 맛볼 수 있다. 전라감영이 창밖으로 한눈에 보여 전라감영 구경 후 이곳에서 밀크티를 마셔도 좋다.

Plus. 와인스토어
카페 바로 옆에는 세계 각국의 와인을 파는 와인스토어가 있다. 와인뿐만 아니라 위스키, 맥주, 보드카 등도 판매하며, 와인과 어울리는 안주도 있으니 디오니카페에 왔다면 꼭 구경하고 가길 바란다.

INFO
- Ⓐ 전주시 완산구 전라감영4길 5-1   ☏ 070-8803-1749
- Ⓗ 화-일 11:00-21:00 (월요일 휴무)
- Ⓘ @illiyeperfume   Ⓟ 로얄 밀크티 5,500원
- Ⓜ Map → 3-C8

8 르노트르

지하 1층부터 루프탑까지 있는 대형 카페. 하얀 외관과 같이 내부도 하얀 인테리어로 되어 있다. 지하 1층은 베이킹 실과 갤러리가 있으며, 1, 2, 3층은 카페, 4층은 루프탑이 있다. 2층부터 4층까지는 노키즈존이니 참고할 것. 음료 메뉴도 다양하지만, 손님들이 끊이지 않는 이유는 베이커리 때문. 매일 아침 빵을 직접 구우며, 빵은 오전 10시 30분에서 11시 사이에 나온다.

INFO
- Ⓐ 전주시 덕진구 초포다리로 136
- Ⓣ 010-7590-2536 Ⓗ 매일 10:00-22:00
- Ⓘ @le.notre_ Ⓟ 르노트르라떼 7,500원
- Ⓜ Map → 4-C2

9 알엘커피

입간판을 따라 골목 안쪽으로 쭉 들어가면 만날 수 있는 카페. 내부로 들어서면 감각적인 소품들이 전시되어 있어 소품 숍인지 카페인지 헷갈릴 수 있지만 소품도 함께 판매하는 공간이 맞다. 이곳의 시그니처 메뉴는 알엘커피의 이름을 딴 RL. 콜드브루 위 흑임자 크림이 듬뿍 올라가 있어 고소하다. 이외에도 라떼, 식혜, 에이드 등의 음료와 크로플, 쿠키 등의 디저트를 판매한다.

INFO
- Ⓐ 전주시 덕진구 명륜3길 9-1
- Ⓣ 010-4948-7711
- Ⓗ 매일 12:00-21:00
- Ⓘ @rl_ralee
- Ⓟ RL 6,000원
- Ⓜ Map → 4-C4

10 빈타이 송천점

빨간 벽돌과 반원 창문이 눈길을 사로잡는 카페. 내부로 들어가면 넓은 공간 안 좌석도 많아 편하게 앉아 음료를 마실 수 있다. 더치커피, 아메리카노, 고구마라떼, 오미자모히또 등 다양한 음료가 준비되어 있다. 케이크 맛집으로도 유명하니 쇼케이스에 있는 케이크도 맛보길 바란다. 덕진공원과 가까워 공원 산책 후 이곳에서 차 한잔하며 쉬다 가도 좋다.

INFO
- Ⓐ 전주시 덕진구 조경단로 324-1
- Ⓣ 063-278-4376 Ⓗ 매일 11:00-23:00
- Ⓟ 아이스크림라떼 6,000원
- Ⓜ Map → 4-C3

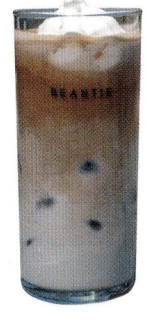

DESSERT & BAKERY : 달콤한 여행, 디저트 & 베이커리

DESSERT & BAKERY
달콤한 여행, 디저트 & 베이커리

각자의 개성을 가진 디저트, 베이커리 카페들이 전주에 자리하고 있다. 로컬들에게 사랑받는 빵집부터 SNS에서 떠오르는 디저트 맛집, 그리고 오랜 세월 로컬, 여행객 모두에게 사랑받는 곳까지. 달콤한 여행을 충족시켜줄 디저트, 베이커리 가게들을 한데 모았다.

 홍시궁

홍시를 활용한 다양한 디저트를 맛볼 수 있는 홍시 디저트 카페. 홍시화채, 홍시눈꽃빙수, 홍시찹쌀떡, 홍시잼토스트, 홍시 100% 음료 등 이곳에서만 맛볼 수 있는 특별한 홍시 디저트가 다양하게 준비되어 있다. 매장도 홍시와 어울리는 한옥으로 되어 있어 부모님과 함께 와도 좋고, 아이와 함께 와도 좋은 곳이다. 홍시 메뉴 외에도 커피, 티, 에이드 등 다른 음료 메뉴도 있다.

INFO
- Ⓐ 전주시 완산구 전주객사1길 94
- Ⓣ 063-282-2014
- Ⓗ 일-목 12:00-22:30, 금-토 12:00-24:00
- Ⓘ @hongsigoong_main_store
- Ⓟ 홍시찹쌀떡 2,500원, 홍시 100% 6,500원
- Ⓜ Map → 3-D3

2 PNB 풍년제과

전주하면 빠질 수 없는 초코파이. 전주 초코파이의 원조인 PNB 풍년제과는 1951년 전주에서 오픈 후 3대째 이어져 내려오고 있다. 견과류와 새콤달콤한 딸기잼이 들어있는 오리지널 초코파이와 화이트 초콜릿이 코팅된 화이트 초코파이, 모카 초코파이, 녹차 초코파이 등 다양한 종류의 수제 초코파이들이 있다. 초코파이 외에도 본점에서는 다양한 빵들을 구매할 수 있으며, 한옥마을, 전주역 부근 등 전주 곳곳에 매장이 있다.

INFO
- Ⓐ 전주시 완산구 팔달로 180   Ⓣ 063-285-6666
- Ⓗ 매일 08:00-22:30   Ⓘ @pnb1951
- Ⓟ 초코파이 10개 세트 23,000원
- Ⓜ Map → 3-D7

4 모짜르트베이커리

로컬들에게 사랑받는 빵집. 대통령상을 받은 만큼 모든 빵이 맛있어 입소문이 나 빵지순례로 여행객들도 찾는 곳이 됐다. 케첩과 마요네즈 소스를 섞어 야채와 곁들여 만든 소시지빵, 유기농밀로 만든 카스텔라, 바게트, 커피번, 크림빵 등 다양한 종류의 빵들이 매대를 가득 채우고 있다. 빵과 음료를 함께 먹을 수 있는 자리도 옆에 작게 마련되어 있다.

INFO
- Ⓐ 전주시 완산구 신봉로 60
- Ⓣ 063-223-4928   Ⓗ 매일 07:00-22:30
- Ⓟ 소세지빵 1,800원   Ⓜ Map → 3-D1

3 321베렌도

르 꼬르동 블루를 수석 졸업한 두 명의 파티시에가 만든 디저트를 맛볼 수 있는 곳. 녹차, 커피, 딸기홍차 마들렌부터 휘낭시에, 쿠키, 크로플 등 다양한 디저트를 만들어 판매한다. 모든 메뉴가 인기 있어 솔드아웃되는 경우가 많으니 먹고 싶은 메뉴가 있다면 전화 후 방문하자. 계절별 시즌 메뉴도 달라지며 봄이 되면 파트슈크레, 유자커드, 머랭이 합쳐진 유자머랭도 맛볼 수 있다.

INFO
- Ⓐ 전주시 완산구 전주객사3길 32-6   Ⓣ 063-231-8822
- Ⓗ 일·화, 목 12:00-21:00, 금·토 12:00-22:00 (수요일 휴무)
- Ⓘ @321berendo_cafe   Ⓟ 녹차 마들렌 3,000원   Ⓜ Map → 3-D6

DESSERT & BAKERY : 달콤한 여행, 디저트 & 베이커리

5 소부당

가마솥 수제 방식으로 매일 쑨 팥으로 만든 떡을 맛볼 수 있는 카페. 쫀득쫀득한 백미 찹쌀떡, 쑥 찹쌀떡뿐만 아니라 생크림 단팥빵, 백설기빵 등 수제 빵도 함께 판매한다. 떡을 먹을 수 있는 공간도 마련되어 있으며, 음료도 주문 가능하다. 선물용으로 포장 판매도 해 여행에서 기념 선물이 고민된다면 소부당 떡을 구매해도 좋다.

INFO
- Ⓐ 전주시 완산구 전주객사1길 80-23
- Ⓣ 063-255-1576
- Ⓗ 매일 10:00-21:00
- Ⓘ @sobudang.md
- Ⓟ 쑥 찹쌀떡 2,200원, 식혜 3,000원
- Ⓜ Map → 3-D5

7 환희당

문을 열고 들어가면 매대 가득 채운 빵 냄새가 코를 자극한다. 감자빵, 마늘빵, 연탄브레드 등 다양한 베이커리가 있지만 특히 이곳의 인기 메뉴는 100% 국산 팥으로 끓여 만든 단팥빵, 딸기와 생치즈가 듬뿍 들어간 생치즈브리오쉬다. 단팥빵은 많이 달지 않고 고소해 남녀노소 모두가 많이 찾는 메뉴이다. 설탕, 버터, 계란이 들어가지 않은 비건 빵 코너도 따로 마련되어 있다.

INFO
- Ⓐ 전주시 덕진구 만성중앙로 76
- Ⓣ 063-211-0455 Ⓗ 매일 08:00-22:00
- Ⓟ 단팥빵 2,500원, 생치즈브리오쉬 6,000원
- Ⓜ Map → 2-D1

6 8월의크리스마스

건강한 빵을 만들어 판매하는 8월의크리스마스. 피스타치오 크림이 가득 들어간 바게트, 무화과통밀깜빠뉴, 꾸덕꾸덕한 브라우니, 찰보리식빵 등 직접 배양한 천연발효종을 사용해 빵을 만든다. 버터, 우유, 설탕, 달걀을 넣지 않고 100% 우리 밀 통밀빵으로 만들어 아이들 간식으로도 많이 구매해 간다. 대부분 예약 후 빵을 찾아가 매장을 방문하면 빵이 별로 없을 수 있으니 예약 후 방문하자.

INFO
- Ⓐ 전주시 완산구 안행2길 17   Ⓣ 010-5699-0209
- Ⓗ 수-토 11:00-18:00 (일·화요일 휴무)   Ⓘ @jeong_nini
- Ⓟ 피스타치오크림바게트 6,500원   Ⓜ Map → 3-D2

 9 폴스베이커리

주택을 개조한 베이커리 카페. 한쪽 벽면으로는 매일 아침 만든 빵들이 가지런히 정렬되어 있다. 소금빵, 까눌레, 에그타르트 등 다양한 종류의 빵들이 있지만 그중 가장 사랑받는 빵은 크루아상. 겹겹이 쌓인 크루아상은 슈크림, 녹차 등 여러 가지 맛이 있다. 1, 2층, 루프탑까지 있어 마음에 드는 좌석을 골라 빵과 함께 달콤한 시간을 가져보길 바란다.

INFO
- Ⓐ 전주시 완산구 전주객사1길 81
- Ⓣ 070-4063-0418
- Ⓗ 매일 12:00-22:30　Ⓘ @paul.s_bakery
- Ⓟ 슈크림 크로와상 4,200원　Ⓜ Map → 3-D4

8 에이치샌드위치

이국적인 느낌을 물씬 풍기는 외관이 눈길을 끄는 샌드위치 맛집. 다양한 샌드위치 메뉴가 있지만 그중 천연발효종 바게트에 잠봉과 버터, 꿀, 후추가 들어간 잠봉뵈르가 이곳의 시그니처 메뉴. 잠봉의 짭조름한 맛과 꿀의 달콤한 맛이 조화롭다. 꿀, 후추가 기본으로 추가되니 빼고 싶다면 키오스크 옵션에서 제외를 선택하면 된다. 직접 만든 햄도 구매 가능하다.

INFO
- Ⓐ 전주시 덕진구 두간7길 16-6　Ⓣ 010-4485-6412
- Ⓗ 화-일 08:00-17:30 (월요일 휴무)　Ⓘ @h_sandwichshop
- Ⓟ 잠봉뵈르 샌드위치 7,500원　Ⓜ Map → 4-D1

 10 천년누리 전주빵카페

전주 시청 부근에 자리한 베이커리 카페. 내부의 규모가 크지는 않지만 맛있는 빵 선택지가 다양하기로 유명하다. 식빵, 단팥빵, 카스텔라 등 기본적인 것부터 떡갈비가 통째로 들어간 떡갈빵, 매콤달콤한 전주비빔빵, 오징어비빔빵 등 전주의 특색을 살린 빵들도 맛볼 수 있다. 전주 비빔면도 이곳에서 구매할 수 있다.

INFO
- Ⓐ 전주시 완산구 현무3길 91　Ⓣ 063-227-4883
- Ⓗ 평일 07:00-20:00, 주말 07:00-19:00　Ⓘ @1000nuri
- Ⓟ 전주비빔빵 3,000원　Ⓜ Map → 3-D8

BEER & MAKGEOLLI
로컬의 밤 속으로, 가맥집 & 막걸리골목

전주 로컬의 밤 모습을 마주하고 싶다면 가맥집과 막걸리골목에 가라는 말이 있다. 밤이 되면 로컬과 여행객이 섞여 항상 사람들로 북적거리는 전주의 밤거리로 가보자. 또 다른 매력과 문화에 빠질 시간이다.

Plus. 가맥 문화

낮에는 슈퍼, 밤에는 맥주를 파는 '가게 맥주집'의 줄임말인 가맥집. 1970년대부터 이어져온 전주의 독특한 음주 문화로 값싼 안주와 동네 슈퍼의 편안한 분위기로 로컬들에게 사랑받으면서 알음알음 알려지게 되었다. 여름에는 전주 가맥축제도 열리는 만큼 이제는 로컬을 넘어 여행객 모두에게 사랑받는 음주 문화가 되고 있다.

1 전일갑오

가맥집의 원조 격인 전일갑오. 계란말이, 황태구이 등 가볍게 먹을 수 있는 안주를 술과 함께 판매한다. 특히 기계로 황태포를 부드럽게 두드린 후 연탄불로 구워주는 황태구이는 이곳의 인기 메뉴. 고소하고 부드러운 황태구이에 주인장이 직접 만든 마약 소스를 찍어 먹으면 술이 계속 넘어간다. 해가 지는 시간이면 줄을 서서 기다려야 하니 이 점 참고하자.

INFO
- Ⓐ 전주시 완산구 현무2길 16   Ⓣ 063-284-0793
- Ⓗ 월-토 15:00-01:30 (일요일 휴무)   Ⓟ 맥주 1병 3,000원, 황태구이 12,000원
- Ⓜ Map → 3-B6

마요네즈와 깨, 고추 등이 들어간 마약 소스와 찍어 먹자.

ⓐ 전주시 완산구 전주객사2길 10　Ⓜ Map → 3-B5

삼천동 막걸리골목

전주는 한정식만 한 상 푸짐하게 나오는 게 아니라 막걸리 안주도 상다리 부러지게 나온다. 특히 삼천동에 자리한 막걸리골목은 현지인뿐만 아니라 여행객들에게도 사랑받는 밤거리가 됐다. 2인상 등을 시키면 750ml 막걸리 3병이 들어가는 한 주전자와 가게마다 안주는 조금씩 다르지만 생선, 찌개, 오징어무침, 전, 두부김치 등 10가지가 넘는 안주가 나온다. 막걸리골목 가게 어디를 들어가도 푸짐한 술 한 상을 받을 수 있으니 친구, 연인과 전주 여행을 왔다면 막걸리골목에서 전주의 밤을 보내보자.

ⓐ 전주시 완산구 삼천동1가 712
Ⓜ Map → 3-B1

Tip.
다양한 막걸리 종류가 있지만 깔끔한 생막걸리를 마시고 싶다면 맑은술을 시키자. 막걸리의 아랫부분에 가라앉은 탁한 부분은 버리고 맑은 윗부분만 마시는 술이다.

 임실슈퍼

전일갑오와 가까운 곳에 위치한 임실슈퍼. 갑오징어, 새우튀김, 쥐포 등 다양한 안주를 판매한다. 명태를 시키면 매콤한 특제 소스가 나오며, 황태, 먹태를 시키면 마요네즈 소스가 나와 안주별로 색다른 소스의 맛을 즐길 수 있다. 평일에는 술 3병 이상을 마시면 황태국을 서비스로 준다. 바쁜 경우 나오지 않을 수 있으니 이해하길 바란다.

INFO
ⓐ 전주시 완산구 경기전길 7　Ⓣ 063-288-1896　Ⓗ 매일 17:00-01:00
Ⓟ 맥주 1병 3,500원, 명태 15,000원　Ⓜ Map → 3-B7

 초원편의점

풍남문에서 전라감영으로 가는 방향에 있는 가맥집. 입구 앞에서 황태구이를 굽는 모습을 보고 있으면 저절로 발길이 닿는다. 황태구이와 전북 기업 하이트진로에서 나오는 테라로 목을 축여보자. 밤이 되면 황태구이를 먹기 위해 줄을 서서 많은 사람이 기다리고 있으니 사람이 많다면 황태구이를 포장해 숙소에서 먹어도 좋다.

INFO
ⓐ 전주시 완산구 풍남문3길 32-1　Ⓣ 063-287-1763　Ⓗ 매일 24시간
Ⓟ 맥주 1병 2,800원, 황태구이 12,000원　Ⓜ Map → 3-B4

BAR & PUB : 밤이 매력적으로 변하는 시간, 바 & 펍

BAR & PUB
밤이 매력적으로 변하는 시간, 바 & 펍

낮과는 다른 또 다른 매력을 가진 전주의 밤.
와인 바부터 맥줏집까지 다양한 술집들이 늦은 밤까지도
도시 곳곳을 밝힌다. 그중에서도 혼자 가도 좋고,
둘이 가도 좋은 분위기 있는 와인 바들을 소개한다.

1 재즈앨리

음악과 함께 밤을 보낼 수 있는 바. 매주 금, 토요일 저녁 7시가 되면
재즈 공연이 열린다. 공연 라인업은 SNS에서 확인 가능하며, 주말에
방문한다면 예약을 하고 방문해 음악과 가까이에서 시간을
보내길 바란다. 평일에는 주인장이 선택한 LP로 공간을
채우니 평일에 간다고 아쉬워하지 말자. 2층에는 야외
테라스가 마련되어 있어 시원한 바람을 맞으며 와인
한 잔하기도 좋다.

INFO
- Ⓐ 전주시 완산구 전주객사1길 55   Ⓣ 010-6620-1511
- Ⓗ 매일 17:00-02:00   Ⓘ @jazzalley_jeonju
- Ⓟ 레드 와인 보테가스 라 푸리시마 모나스트렐 Glass 10,000원
- Ⓜ Map → 3-B3

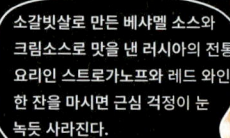

소갈빗살로 만든 베샤멜 소스와
크림소스로 맛을 낸 러시아의 전통
요리인 스트로가노프와 레드 와인
한 잔을 마시면 근심 걱정이 눈
녹듯 사라진다.

2 오스쿠로

스페인어로 '어두운'이라는 뜻을 가진
와인 바. 초로 어둠을 밝히는 이곳은 서로에게
더 집중할 수 있도록 어둡게 만들었다. 다양한
와인 종류가 있으며, 안주를 선택한 후
와인을 추천받아보자. 가벼운 안주로
나오는 하몽과 메이플시럽, 치즈가 올라간
막대 과자도 와인과 잘 어울린다.

INFO
- Ⓐ 전주시 덕진구 전주천동로 394
- Ⓣ 010-3668-4356   Ⓗ 화-토 17:00-24:00 (일, 월요일 휴무)
- Ⓘ @oscuro.brasserie
- Ⓟ 레드 와인 베비앙 루즈 Glass 9,000원, 스트로가노프 21,000원
- Ⓜ Map → 4-B1

3 에이치플래터

풍남문 부근에 있는 한옥 와인 바 겸 브런치 카페. 한국의 클래식한 분위기를 자아내는 이곳은 와인 바로도 유명하지만, 낮에는 잠봉뵈르 샌드위치, 라자냐, 이베리코 베요타 하몽 플래터 맛집으로도 유명하다. 해가 지는 밤 조용하게 와인을 마시고 싶다면 에이치플래터로 가보자. 한옥 인테리어의 분위기와 와인 맛에 함께 취할 수 있다.

INFO
Ⓐ 전주시 완산구 풍남문3길 26
Ⓣ 010-4340-6412
Ⓗ 수-일 11:00-02:00 (월, 화요일 휴무)
Ⓘ @h__platter
Ⓟ 레드 와인 퀸 애들 레이드 쉬라즈 Glass 8,000원
Ⓜ Map → 3-B5

4 올드벗뉴

깔끔한 외관과 인테리어가 눈에 띄는 와인 바. 와인뿐만 아니라 음식 메뉴도 다양해 식사를 위해서도 많은 사람이 찾는다. 수비드 60도로 4시간 익힌 돼지고기와 당근 퓌레가 곁들어진 음식은 주인장이 추천해준 레드 와인과 잘 어울린다. 혼자 앉을 수 있는 바 자리가 있으며, 친구, 연인과 함께 온다면 자리를 예약하고 방문하는 걸 추천한다. 와인도 구매 가능하며, 글라스로는 와인을 판매하지 않으니 이 점 참고할 것.

INFO
Ⓐ 전주시 완산구 전주객사1길 83
Ⓣ 010-7521-6007
Ⓗ 화-토 17:30-24:00 (월요일 휴무)
Ⓘ @oldbutnew___
Ⓟ 비오 145,000원, 수비드 포크안심과 당근퓨레 26,000원
Ⓜ Map → 3-B2

JEONJU
Local Food

Special

추천! 전주 로컬 푸드

비옥한 땅 위에 풍부한 식재료들이 나는 전주. 먹방 여행, 미식 여행지로 전주만 한 곳이 또 있을까. 로컬들이 사랑하는 콩나물국밥부터 상다리 휘어지게 차려진 한정식까지. 어디를 가나 든든한 한 끼로 배를 채울 수 있다. 너무 많은 맛집과 음식들로 뭘 먹어야 할지 고민이 된다면 아래의 전주 로컬 음식부터 맛보자.

콩나물, 황포묵, 호박, 고사리 등 전주에서 나는 색색의 나물들이 밥 위에 가지런히 올려져 있는 전주비빔밥. 전주에서는 200여 년 전부터 비빔밥을 즐겨 먹었다고 전해지는 만큼 깊은 맛, 깊은 역사를 가지고 있다. 집집마다 젓갈, 고추장 등 소스들이 다 다르니 자신의 입맛에 맞는 비빔밥 맛집을 찾는 여행을 해봐도 좋다.

전주비빔밥

전주 한정식

국, 김치, 젓갈, 장아찌, 게장, 마른 찬, 구이, 탕, 찜, 나물, 회, 편육 등 입이 떡 벌어지는 반찬 가지 수를 자랑하는 전주 한정식. 어디서부터 손을 가져가야 할지 고민이 될 만큼 맛과 양 어느 하나 빠지지 않는다. 계절마다 식당마다 반찬이 조금씩 다르지만, 어느 반찬을 먹어도 실망하지 않는다. 전주가 왜 맛의 도시인지 궁금하다면 한정식집으로 가보길 바란다.

지방을 제거한 돼지갈비에 콩나물과 버섯 등을 넣고 국물이 있게 끓여 먹는 전골 요리. 부드러우면서도 두툼한 갈비와 콩나물을 함께 먹으면 매콤하면서도 아삭해 사라진 입맛도 돌아오게 한다. 다 먹은 후 남은 양념에 볶음밥은 필수.

물갈비

물 짜 장

춘장이 아닌 간장이 첨가된 걸쭉한 형태를 띤 물짜장. 전주에 정착한 화교 2세에 의해 개발되면서 전주 중국집을 가면 쉽게 찾아볼 수 있는 메뉴가 되었다. 고추기름을 활용해 만든 물짜장의 경우 매콤하면서도 깔끔한 맛으로 일반 짜장면과 다른 색다른 맛을 느낄 수 있다.

오 모 가 리 탕

뚝배기의 전주 사투리인 오모가리. 크고 작은 오모가리에 메기, 쏘가리, 빠가사리, 잡고기를 구별해 끓여낸 매운탕으로 얼큰하면서도 담백하다. 전주 사람들에게 보양식으로 유명하며, 전주한옥마을에서 한벽루 방향으로 이동하는 천변길 쪽에 오모가리탕 맛집들이 모여있다.

콩 나 물 국 밥

콩나물이 듬뿍 들어가 담백하고 시원한 맛을 내는 전주 콩나물국밥은 토렴식(전주남부시장식)과 직화식이 있다. 콩나물국밥에 달걀을 풀어 넣는 집도 있지만 노른자가 터져 국물이 지저분해 넣지 않는 집이 많다. 대신 수란이 함께 나오는데 김 가루를 뿌려 먹으면 또 다른 별미이다.

피 순 대

고기, 두부, 달걀 등을 선지에 버무려 만든 순대. 피순대는 특유의 냄새 때문에 호불호가 갈리는 음식으로 처음 맛본다면 피순대국밥을 먼저 맛보길 바란다. 씹을수록 고소한 맛이 입안에 퍼져 피순대의 매력에 빠질 수 있다.

모 주

해장술로 유명한 모주. 막걸리에 생강, 대추, 계피 등의 한약 재료를 넣고 푹 끓인 술로 부드러우면서도 달짝지근하다. 술 많이 마시는 아들의 건강을 염려한 어머니가 막걸리에 각종 한약재를 넣고 달여 아들에게 줘 모주라는 이름이 붙었다는 설이 전해지는 만큼 정성이 많이 들어갔다. 콩나물국밥과 한잔하기 좋아 대부분의 콩나물국밥집에서 모주를 판매한다.

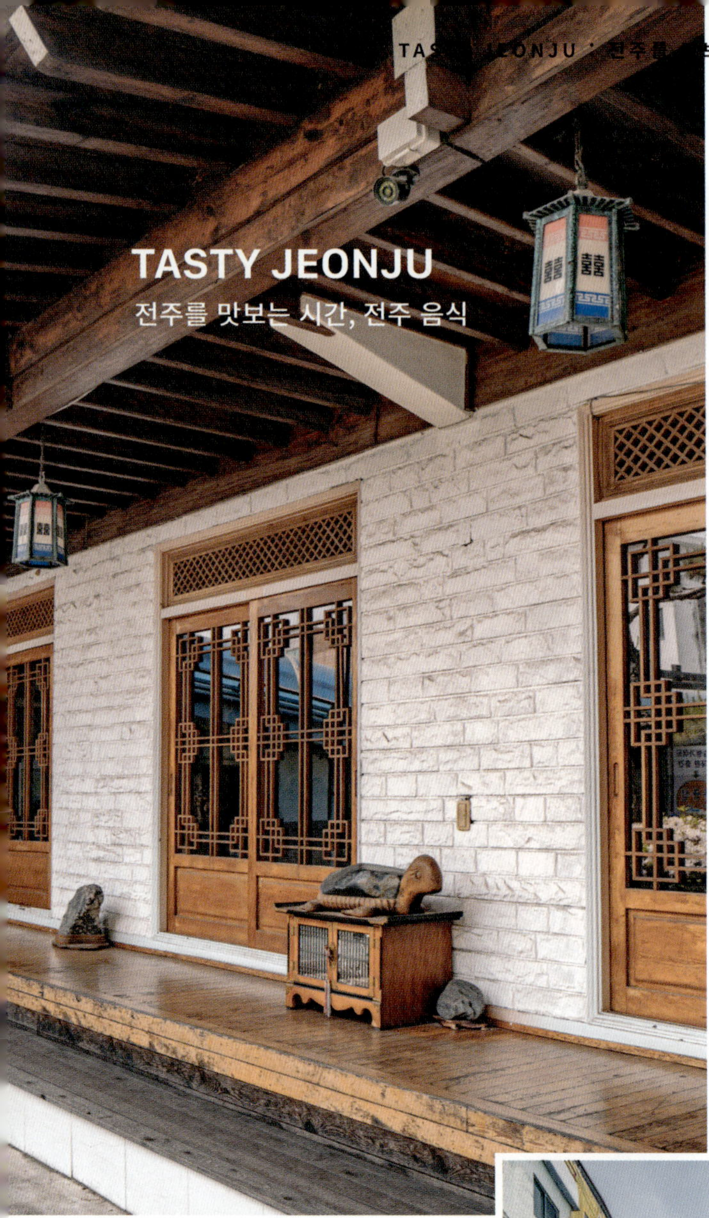

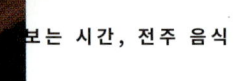

TASTY JEONJU
전주를 맛보는 시간, 전주 음식

음식에는 그 지역의 문화와 역사가 담겨 있다. 전주는 특히 전통과 문화가 음식에 잘 스며들어 있는 곳이다. 시각, 후각, 미각을 통해 전주의 맛을 찾아보자.

1 한국집

1952년 문을 연 한국집은 대한민국 최초 전주비빔밥을 판매한 곳이다. 한옥의 느낌을 살린 한국집에 들어서면 전주비빔밥의 원조라고 불리는 곳인 만큼 많은 사람이 좌석을 메우고 있다. 비빔밥 맛집답게 3대째 내려오는 장과 익힌 소고기 고명, 각종 나물이 들어간 전주비빔밥이 이곳의 대표 메뉴. 따뜻하게 데워진 놋그릇에 황포묵, 고사리, 애호박, 김 가루 등 각양각색의 신선한 재료들이 가지런히 놓여 있다. 한술 떠 입안 가득 비빔밥을 넣으면 고소함이 배가 된다. 계란노른자를 따로 넣지 않아 비빔밥 재료 본연의 맛도 잘 느낄 수 있다. 2011년 미슐랭 가이드 한국편에 소개되기도 한 만큼 평일, 주말 할 것 없이 많은 사람이 찾고 있으니 줄 설 각오를 하고 방문하길 바란다. 비빔밥 외 갈비탕, 불고기 등의 메뉴도 있다.

INFO
- Ⓐ 전주시 완산구 어진길 119
- Ⓣ 063-284-2224
- Ⓗ 매일 09:30-21:00
- Ⓟ 전주비빔밥 13,000원
- Ⓜ Map → 3-R25

② 성미당

1965년 문을 연 이래 3대에 걸쳐 비빔밥을 만들어 가고 있는 식당. 이곳의 대표 메뉴는 역시 비빔밥. 육회비빔밥이 특히 인기가 많으며, 유기그릇에 색색의 나물과 신선한 육회가 올라간 비빔밥은 고소하면서도 매콤하다. 이 외에도 삼계탕, 해물파전, 황포묵무침 등을 파는데 50년 전통을 가진 삼계탕 또한 많은 사람이 찾는 메뉴로 진한 국물 맛과 쫄깃한 육질이 특징이다.

INFO
- Ⓐ 전주시 완산구 전라감영5길 19-9
- Ⓣ 063-287-8800
- Ⓗ 화-일 11:00-20:00 (월요일 휴무)
- Ⓟ 전주비빔밥 13,000원
- Ⓜ Map → 3-R19

③ 가족회관

전주 음식명인 1호이자 대한민국 식품명인인 김년임 명인이 창립한 비빔밥 전문점. 1979년 오픈한 이곳은 사골육수를 고운 물로 지은 밥과 계란노른자, 갖가지 나물을 얹은 비빔밥이 대표 메뉴이다. 비빔밥을 시키면 계란찜과 콩나물국, 여러 반찬이 함께 나와 든든한 한 끼를 먹을 수 있다. 전주비빔밥 외에 육회비빔밥, 떡갈비, 정식도 판매를 한다.

INFO
- Ⓐ 전주시 완산구 전라감영5길 17
- Ⓣ 063-284-0982
- Ⓗ 매일 10:30-20:30
- Ⓘ @bibimbap_house
- Ⓟ 전주비빔밥 12,000원
- Ⓜ Map → 3-R20

④ 한벽집

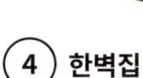

한옥마을에서 한벽루 방향으로 가는 길에 있는 오모가리탕 맛집. 1950년대부터 지금까지 시래기를 뚝배기 안에 넣고 메기, 쏘가리 등을 넣어 얼큰하게 끓인 오모가리탕을 판매하고 있다. 방갈로에서 전주천을 바라보며 음식을 먹을 수 있어 뷰 맛집으로도 유명하다. 누룽지를 후식으로 내어주며, 다 못 먹으면 포장해주니 챙겨가자. 한벽집 옆으로 몇 곳의 오모가리 식당들이 함께 모여있다.

INFO
- Ⓐ 전주시 완산구 전주천동로 4
- Ⓣ 063-284-2736
- Ⓗ 매일 10:00-21:00
- Ⓟ 빠가탕 50,000원, 새우탕 40,000원
- Ⓜ Map → 3-R17

TASTY JEONJU : 전주를 맛보는 시간, 전주 음식

⑤ 남노갈비

1972년 오픈한 물갈비 전문점. 매콤달콤한 고추장 양념으로 숙성시킨 돼지갈비에 각종 야채와 콩나물, 당면을 넣어 자작하게 끓인 물갈비를 맛볼 수 있다. 당면 사리를 먼저 먹은 후 고기는 함께 나오는 쌈에 싸 먹자. 고기까지 다 먹고 난 후 남은 국물에 밥을 비벼 먹으면 또 다른 별미를 느낄 수 있다.

INFO
- Ⓐ 전주시 완산구 한지길 24 Ⓣ 063-288-3525
- Ⓗ 매일 11:00-22:00 (매월 2, 4번째 수요일 휴무)
- Ⓟ 남노물갈비 1인분 14,000원 Ⓜ Map → 3-R29

⑥ 자매갈비전골

큼직한 갈비와 매콤한 국물이 어우러진 물갈비를 맛볼 수 있는 곳. 30년 전통의 자매갈비전골은 매일 한정된 수의 국내산 고품질 갈비만 까다롭게 선별해 다른 부위와 섞지 않고 오로지 갈비 부위만 사용한다. 매운맛 조절을 위해 청양고추를 따로 제공하니 자신의 입맛에 맞게 먹어보자. 현지인이 추천하는 물갈비 맛집으로 오픈 전부터 사람들이 줄 서 있을 정도.

INFO
- Ⓐ 전주시 완산구 기린대로 121
- Ⓣ 063-283-7953
- Ⓗ 수-월 11:00-20:30 (화요일 휴무)
- Ⓟ 갈비전골 1인 15,000원
- Ⓜ Map → 3-R30

⑦ 조점례 남문 피순대

남문시장에서 유명한 음식 중 하나인 조점례 남문 피순대. 이름에서 보듯 피순대를 파는 곳이다. 찹쌀과 표고버섯, 양파 등 속 재료가 듬뿍 들어간 까만 색의 피순대는 특유의 맛과 쫄깃함으로 마니아층이 두텁다. 피순대가 아직 낯설게 느껴진다면 순대국밥을 시켜 먹어도 좋다.

> 깻잎 위에 고추와 마늘, 부추, 피순대를 넣어 싸 먹으면 더 맛있게 먹을 수 있다.

INFO
- Ⓐ 전주시 완산구 전동3가 2-246
- Ⓣ 063-232-5006 Ⓗ 매일 06:00-22:00
- Ⓟ 피순대 13,000원, 순대국밥 8,000원
- Ⓜ Map → 3-R23

8 아줌마순대국밥

전주 로컬들이 찾는 순대국밥집. 곱창전골, 막창전골, 모듬순대 등 다양한 메뉴가 있지만 그중 로컬들이 많이 찾는 메뉴는 국밥. 특히 피순대국밥은 특유의 잡내가 나지 않아 처음 먹는 사람도 거부감 없이 맛있게 먹을 수 있다. 깊고 진한 국물 맛 때문에 해장으로도 최고이다. 입맛에 맞게 청양고추와 부추를 추가해 먹어도 좋다.

INFO
- Ⓐ 전주시 완산구 서신천변13길 6 Ⓣ 063-275-8659
- Ⓗ 월-토 10:00-22:00 (일요일 휴무) Ⓟ 피순대국밥 7,000원
- Ⓜ Map → 3-R1

9 영흥관

3대째 이어져 내려오는 중화요리 전문점. 매콤하면서도 칼칼한 맛을 내는 물짜장과 탕수육이 유명해 로컬뿐만 아니라 여행객들도 찾는 맛집이다. 탕수육 소스는 부어 나오며 눅진한 소스와 바삭한 탕수육이 물짜장과 잘 어울리니 2명 이상 방문했다면 탕수육도 함께 시켜 먹어 보자. 혹시라도 탕수육을 소스에 찍어 먹고 싶으면 미리 말할 것.

INFO
- Ⓐ 전주시 완산구 현무1길 17 Ⓣ 063-284-5628
- Ⓗ 수-월 11:00-21:00 (화요일 휴무) Ⓟ 물짜장 9,000원 Ⓜ Map → 3-R18

10 진미반점

전주 로컬들이 찾는 중식당. 1969년 오픈했으며 화교 출신의 주인장이 운영한다. 해물이 가득 들어간 물짜장과 재료를 잘게 다져 볶은 육미짜장이 대표 메뉴이다. 탕수육, 깐풍기, 해삼전복, 상어지느러미 등의 요리도 모두 일품이다. 2층에는 방도 따로 있어서 모임을 하기에도 좋은 곳이다.

물짜장의 경우 매운맛, 안 매운맛 선택 가능하다.

INFO
- Ⓐ 전주시 완산구 전라감영3길 12-3
- Ⓣ 063-284-4218
- Ⓗ 매일 10:00-21:30 (매월 1, 3번째 수요일 휴무)
- Ⓟ 물짜장 10,000원
- Ⓜ Map → 3-R13

JEONJU KONGNAMUL GUKBAP
콩나물국밥, 어디서 먹을까?

아삭한 콩나물과 전주의 맑은 물이 만나 환상의 궁합을 자랑하는 콩나물국밥. 전주 오면 꼭 먹어야 하는 음식에 항상 이름이 오르는 요리이다. 전주 곳곳에 콩나물국밥을 선보이고 있는데, 어떻게, 어디서 먹어야 더 맛있게 먹는지 알아보자.

Tip. 콩나물국밥 맛있게 먹는 방법
1. 콩나물국밥의 짝꿍, 수란. 국밥 국물을 네댓 숟가락 떠 수란에 넣고, 김 3장 정도를 찢어 넣은 후 밥 먹기 전 후루룩 먹어보자. 취향에 맞게 콩나물도 조금 넣어 먹으면 국밥 먹기 전 입맛을 돋운다.
2. 기본 콩나물국밥도 맛있지만, 김, 오징어 사리를 추가해 먹으면 더욱 맛있다. 김의 짭조름함과 오징어의 쫄깃한 식감, 콩나물의 아삭한 식감이 잘 어울린다.
3. 콩나물국밥집에서 직접 만든 모주와 함께 먹어보자. 시원한 콩나물국밥과 계피 향 가득한 모주가 또 다른 콩나물국밥의 세계로 초대한다.

삼번집 콩나물국밥 6,000원 — 토렴식

1. 삼번집

남부시장 안에 자리한 콩나물국밥집. 1971년 문을 연 이곳은 3대째 가업을 이어 시장 상인, 손님들에게 뜨끈한 콩나물국밥을 대접하고 있다. 각종 한약을 넣어 만든 달짝지근한 모주와 함께 먹으면 더 맛있다. 시장 상인들을 위해 새벽 일찍 여는 만큼 문도 다른 곳보다 일찍 닫으니 시간 확인 후 가도록 하자.

INFO
- Ⓐ 전주시 완산구 풍남문1길 9-6   Ⓣ 063-231-1586
- Ⓗ 목-화 05:00-15:00 (수요일 휴무)
- Ⓟ 콩나물국밥 6,000원   Map → 3-R24

삼백집 콩나물국밥 7,000원 — 직화식

2. 삼백집

70년 이상의 전통을 가진 콩나물국밥 전문점. 하루 300그릇만 판다고 해 삼백집이라 이름이 붙여졌다. 이곳의 가장 큰 특징은 달걀이 콩나물국밥에 들어간다는 점. 밥과 콩나물, 그리고 달걀을 함께 끓여 고소하면서도 시원해 토렴식과는 다른 직화식의 매력을 느낄 수 있다.

INFO
- Ⓐ 전주시 완산구 전주객사2길 22   Ⓣ 063-284-2227
- Ⓗ 매일 06:00-22:00   @300zip
- Ⓟ 콩나물국밥 7,000원   Map → 3-R9

현대옥 토렴응용식 콩나물국밥 7,000원 — 토렴식

3. 현대옥

전주 콩나물국밥집 하면 가장 먼저 떠오르는 곳. 40년 전통의 토렴식(전주남부시장식) 콩나물국밥을 개발한 원조이다. 과거 밥과 콩나물을 뚝배기에 넣고 토렴했다면, 지금은 뜨거운 국물에 토렴하는 방식을 사용해 맑고 개운한 맛을 내고 있다. 2층에는 콩나물박물관도 무료로 관람할 수 있으니 전주의 콩나물 역사를 알아보는 시간을 가져도 좋다.

INFO
- Ⓐ 전주시 완산구 화산천변2길 7-4   Ⓣ 063-228-0020
- Ⓗ 매일 24시간   Ⓟ 토렴응용식 콩나물국밥 7,000원
- Map → 3-R2

Tip. 콩나물아이스크림

현대옥 본점에서는 콩나물로 만든 아이스크림을 맛볼 수 있다. 아이스크림을 먹으면 콩나물 향이 입안 가득 퍼지며, 콩나물 머리가 씹힌다. 약한 맛에서 강한 맛까지 선택할 수 있다.

JEONJU HANJEONGSIK : 푸짐한 한 상차림, 전주 한정식

JEONJU HANJEONGSIK
푸짐한 한상차림, 전주 한정식

양반의 음식 전통이 살아있는 전주의 한정식. 음식상은 그 집안의 가문과 집주인의 인품을 대변하는 것이라 해 다른 지역과 달리 반찬 가짓수가 많은 지역이다. 지금은 이러한 전통이 내려와 전주 한정식집을 방문하면 상다리 휘어지게 음식을 대접받을 수 있다.

백번집

Tip. 전주 한정식
전주한정식의 기본 구성은 국, 김치, 젓갈, 장아찌, 게장, 마른 찬, 구이, 탕, 찜, 적, 나물, 편육, 회, 전골 등 14가지로 이루어져 있다.

궁

전주에는 왜 한정식집이 많을까?

전주는 선비마을로 관아의 아리들은 뼈대 있는 집안의 자제들이었는데 이들의 입맛으로 인해 관아 주변에 많은 백반집이 형성되어 활기를 띠었다. 그러나 고려, 조선 시대부터 전해 내려온 이러한 백반 음식은 중앙집권적 분위기를 띤 조선 후기로 이어지면서 빛을 잃게 되었다. 이후 근근하게 이어지던 백반 음식을 상품화한 것이 오늘날의 한정식이다. 이러한 역사가 남아있어 전주는 한 상에 차리는 음식의 가짓수가 많은 한정식집이 유독 많다.

한정식 맛집 LIST

만성한정식
- Ⓐ 전주시 완산구 바우배기1길 31-9
- Ⓣ 063-232-4141
- Ⓗ 매일 10:00-22:00 (월 3회 휴무)
- Ⓜ Map → 2-R2

무궁화 한정식
- Ⓐ 전주시 덕진구 권삼득로 436
- Ⓣ 063-271-3307
- Ⓗ 매일 12:00-22:00   Ⓜ Map → 4-R3

송정원
- Ⓐ 전주시 완산구 은행로 20-1
- Ⓣ 063-284-5569
- Ⓗ 매일 11:00-21:30   Ⓜ Map → 3-R26

호남각
- Ⓐ 전주시 덕진구 송천동2가 560-3
- Ⓣ 063-278-8150
- Ⓗ 매일 11:00-21:00   Ⓜ Map → 4-R1

궁
- Ⓐ 전주시 완산구 천잠로 337   Ⓣ 063-227-0844
- Ⓗ 매일 12:00-21:00   Ⓜ Map → 2-R1

전라도음식이야기
- Ⓐ 전주시 덕진구 아중6길 14-6   Ⓣ 063-244-4477
- Ⓗ 화-일 11:00-21:30 (월요일 휴무)
- Ⓜ Map → 4-R7

양반가
- Ⓐ 전주시 완산구 최명희길 30-2   Ⓣ 063-282-0054
- Ⓗ 수-월 11:00-21:00 (화요일 휴무)
- Ⓜ Map → 3-R27

전라회관
- Ⓐ 전주시 완산구 안행4길 5   Ⓣ 063-228-3033
- Ⓗ 매일 12:00-21:30   Ⓜ Map → 3-R6

백번집
- Ⓐ 전주시 완산구 전라감영2길 15
- Ⓣ 063-286-0100
- Ⓗ 화-일 11:00-21:00 (월요일 휴무)
- Ⓜ Map → 3-R15

늘채움
- Ⓐ 전주시 덕진구 덕진연못3길 6   Ⓣ 063-272-5737
- Ⓗ 금-월, 수 11:30-21:00 (화, 목요일 휴무)
- Ⓜ Map → 4-R4

한울밥상
- Ⓐ 전주시 완산구 기린대로 104   Ⓣ 063-227-4321
- Ⓗ 매일 10:30-21:00   Ⓜ Map → 3-R22

나들벌
- Ⓐ 전주시 완산구 최명희길 30-3
- Ⓣ 063-282-8191   Ⓗ 매일 11:00-22:00
- Ⓜ Map → 3-R28

아리아랑
- Ⓐ 전주시 완산구 홍산북로 29-9 2F
- Ⓣ 063-242-2312
- Ⓗ 월-토 11:30-21:00 (일요일 휴무)
- Ⓜ Map → 2-R4

LOCAL RECOMMENDATION : 로컬도 반한 맛집

LOCAL RECOMMENDATION
로컬도 반한 맛집

전주는 오래도록 로컬에게 꾸준한 사랑을 받아온 맛집들이 많다. 식당이 너무 많아 어디로 가야 할지 고민이라면 로컬들이 가는 곳으로 향해보자. 맛과 양 모두를 만족시키는 로컬 찐 맛집들을 소개한다.

① 구프오프

서학동예술마을을 걷다 보면 만날 수 있는 브런치 맛집. 하얀 벽돌 외관이 이국적인 분위기를 물씬 풍긴다. 이곳의 시그니처 메뉴는 부드러운 문어와 페페론치노, 명란, 마늘, 아보카도 오일로 맛을 낸 수비드 문어 명란 오일 파스타와 오랜 시간 저온 조리해 부드러워진 닭 다리 살에 토마토 베이스를 매콤하게 볶아낸 소스가 올라간 수비드 닭다리살 스테이크. 이 외에도 리조또, 필라프 등 여러 메뉴가 있다.

INFO
Ⓐ 전주시 완산구 천경로 27-1　Ⓣ 010-5392-1677　Ⓗ 매일 10:30-21:30
Ⓘ @goofoff.brunch　Ⓟ 수비드 닭다리살 스테이크 20,000원
Ⓜ Map → 3-R21

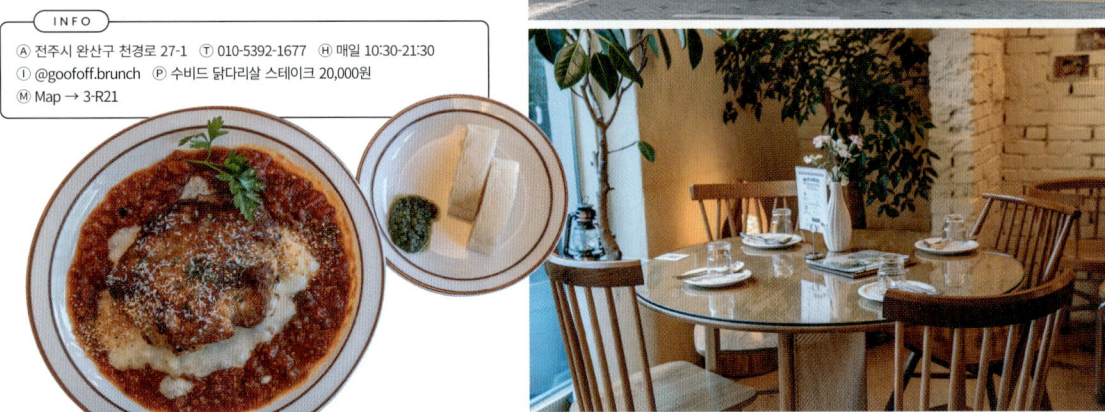

② 신한양불고기

돼지고기 요리를 전문으로 하는 한식당이다. 대표 메뉴는 불판 위에서 구워 먹는 삼겹살과 신선한 고기와 당면, 콩나물, 당근, 양파 등 야채를 넣고 얼큰하게 조리하는 불고기. 고기를 다 먹은 후 불판 위에서 볶아 먹는 밥도 맛있다. 백년가게로 지정된 만큼 오랜 시간 로컬들의 발길이 이어지는 맛집이다.

INFO
Ⓐ 전주시 완산구 전주객사3길 11 Ⓣ 063-284-7331
Ⓗ 매일 11:00-23:00 Ⓟ 돼지불고기 2인 24,000원 Ⓜ Map → 3-R11

③ 전주칼국수

전주시외버스터미널에서 약 10분 걸으면 만날 수 있는 전주칼국수. 칼국수, 쫄면, 비빔밥, 콩국수 등 혼자 먹어도 좋은 메뉴들이 준비되어 있다. 모든 메뉴가 양이 많아 포만감을 가득 선사한다. 그렇다고 맛도 빠지지 않아 로컬이 꾸준히 찾는 곳이 되었다. 혼자 여행을 와 메뉴가 고민된다면 전주칼국수로 향해보자.

INFO
Ⓐ 전주시 덕진구 태진로 122-6 Ⓣ 063-274-2002
Ⓗ 월-토 11:00-20:30 (일요일 휴무) Ⓟ 칼국수 7,000원 Ⓜ Map → 4-R6

④ 족보설렁탕

덕진공원 근처에 자리한 설렁탕 전문점. 우거지탕, 떡갈비, 수육 전골 등 여러 메뉴가 있지만, 가게 이름에 맞게 대표 메뉴는 설렁탕이다. 뽀얀 국물에 밥을 말아 먹으면 든든한 한 끼 해결이다. 거기에 깍두기, 어리굴젓을 하나 올려 먹으면 다른 몸보신이 따로 필요 없다. 소면도 따로 나오니 밥을 말기 전 먼저 먹도록 하자. 각자 취향에 맞게 소금으로 간 조절도 가능하다.

INFO
Ⓐ 전주시 덕진구 송천중앙로 25 Ⓣ 063-277-0004
Ⓗ 매일 10:30-21:00 Ⓟ 설렁탕 9,000원 Ⓜ Map → 4-R2

⑤ 오선모옛날김밥

전국 김밥 맛집 이야기가 나오면 빠지지 않는 오선모옛날김밥. 메뉴는 단 하나로 달걀지단과 단무지, 그리고 잘게 썬 당근이 가득 들어간 당근김밥이다. 들어가는 재료가 단출해 맛이 밋밋하다고 생각하면 안 된다. 입안 가득 채운 당근의 향과 고소한 밥알이 조화롭게 잘 어울린다. 새벽부터 줄이 길게 늘어서 있지만 기다림의 가치가 있는 곳이다.

INFO
Ⓐ 전주시 완산구 송정1길 1 Ⓣ 063-221-3057
Ⓗ 화-토 05:00-14:00 (일, 월요일 휴무) Ⓟ 한 줄 3,000원 Ⓜ Map → 3-R5

LOCAL RECOMMENDATION : 로컬도 반한 맛집

⑥ 오원집

오래도록 기억되길 원하는 집이란 뜻을 가진 오원집은 1984년부터 지금까지 2대에 걸쳐 전주 사람들에게 맛있는 야식을 제공하고 있다. 이곳의 대표 메뉴는 연탄불에 직접 구운 연탄불돼지구이. 특히 상추쌈에 연탄불돼지구이, 김밥, 기호에 맞게 마늘, 고추, 쌈장 등을 올려 먹으면 더욱 맛있게 먹을 수 있다. 이외에도 가락국수, 족발, 닭도리탕 등의 음식을 판매한다.

INFO
Ⓐ 전주시 완산구 공북로 84   Ⓣ 063-275-1123   Ⓗ 매일 16:00-03:00
Ⓟ 연탄불돼지구이 10,000원, 김밥 2,000원   Ⓜ Map → 3-R7

⑦ 육일식당

고구마순이 가득 올라간 감자탕이 육일식당의 대표 메뉴. 등뼈와 사골뼈로 육수를 우려내 감칠맛과 고소함이 나는 감자탕에 고구마순을 함께 먹으면 금상첨화. 고구마순의 식감이 느껴지면서 질기지 않고 부드러워 감자탕과 잘 어울린다. 매운맛으로도 변경 가능하니 맵게 먹고 싶다면 주문 시 요청하자. 우동 사리, 라면 사리 등 사리를 추가해 먹으면 더 맛있다.

INFO
Ⓐ 전주시 완산구 천잠로 17   Ⓣ 063-221-3687   Ⓗ 매일 10:00-22:00
Ⓟ 원조 감자탕 소 21,000원   Ⓜ Map → 3-R3

⑧ 베테랑 칼국수

전주한옥마을에서 빠질 수 없는 맛집. 1977년 문을 연 베테랑 칼국수는 사람들에게 꾸준히 사랑받는 곳이다. 대표 메뉴는 칼국수. 계란과 김을 푼 국물에 고춧가루와 들깻가루가 듬뿍 뿌려져 있어 고소하면서도 면발이 쫄깃해 이곳에 오면 꼭 맛봐야 하는 메뉴이다. 함께 나오는 깍두기와 먹으면 배로 맛있어진다. 이 외에도 만두와 쫄면 등의 메뉴가 있다.

INFO
Ⓐ 전주시 완산구 경기전길 135   Ⓣ 063-285-9898   Ⓗ 매일 09:00-20:00
Ⓘ @veteran.1977   Ⓟ 칼국수 8,000원   Ⓜ Map → 3-R16

⑨ 수정삼겹

밤이 되면 삼겹살 한 점에 술 한 잔을 기울이기 위해 많은 로컬이 찾는 곳이다. 이곳의 대표 메뉴는 수정삼겹이라는 이름처럼 냉동 삼겹살 맛집이다. 얇게 썬 삼겹살은 불 위에서 빨리 익어지니 상추 위에 구운 김치, 마늘 등을 올려 한입 가득 먹어보자. 불고기, 꽁치찌개, 시래기국밥 등 식사 메뉴도 있다. 식당 안에는 테이블뿐만 아니라 룸도 마련되어 있다.

INFO
Ⓐ 전주시 완산구 전주객사1길 12-6   Ⓣ 063-284-4686   Ⓗ 매일 16:00-05:00
Ⓟ 삼겹살 1인분 13,000원   Ⓜ Map → 3-R10

⑩ 그때산집

복어, 아귀요리 전문점. 1972년 문을 연 이곳은 로컬에게 꾸준한 사랑을 받아 백년가게로 선정됐다. 이곳의 대표 메뉴는 복어로 만든 복탕, 복찜, 그리고 아귀찜, 아구탕. 콩나물과 미나리가 들어가 시원한 국물맛을 내는 복탕과 매콤 아삭한 아귀찜은 몸보신하기에 딱이다. 복 껍질 튀김, 복 껍칠 초무침 등 밑반찬도 다 맛있다. 아이들을 위한 복어 튀김, 어린이 돈가스도 있으니 가족과 함께 가도 좋은 식당이다.

INFO
- ⓐ 전주시 완산구 태평5길 13-4
- ⓣ 063-277-0492
- ⓗ 매일 09:00-21:00
- ⓟ 아구탕 1인 14,000원
- ⓜ Map → 3-R8

⑪ 서울소바

1955년부터 영업을 시작한 소바 전문점. 메뉴는 고민할 필요 없이 단 하나, 소바이다. 김과 파채가 고명으로 올라간 소바는 장국과 면이 같이 섞여 나와 시원하면서 담백하다. 반찬도 단무지와 김치 딱 두 가지 나오지만, 소바와 가장 잘 어울린다. 다만 메뉴가 한 가지라 겨울에는 문을 닫으니 이 점 참고할 것.

INFO
- ⓐ 전주시 완산구 전라감영3길 17-2
- ⓣ 063-284-3879
- ⓗ 매일 10:30-21:00
- ⓟ 소바 9,000원
- ⓜ Map → 3-R12

⑫ 반야돌솥밥

전국 최초 돌솥밥을 개발한 곳. 1980년 문을 연 반야돌솥밥은 전국 곳곳에 매장이 있지만 본점은 전주에 있다. 이곳의 대표 메뉴는 돌솥밥. 밤, 버섯, 콩 등 신선한 재료들이 들어가 있어 건강한 한 끼를 먹을 수 있다. 소고기 돌솥밥, 인삼 돌솥밥, 송이 돌솥밥 등 돌솥밥 메뉴도 5가지가 있으며, 돌솥밥과 함께 곁들여 먹으면 좋은 바싹불고기, 생녹두전, 한방모주 등도 있다.

INFO
- ⓐ 전주시 완산구 홍산1길 6
- ⓣ 063-288-3174
- ⓗ 매일 10:50-21:00
- ⓟ 반야돌솥밥 12,000원
- ⓜ Map → 2-R3

VEGAN : 건강한 한 끼, 비건 식당 & 카페

VEGAN
건강한 한 끼, 비건 식당 & 카페

채식주의자들뿐만 아니라 일반인들도 사랑하는 비건 식당과 카페가 전주 곳곳에 있다. 주인장의 철학을 바탕으로 맛과 건강, 분위기를 모두 만족시키는 비건 식당, 카페를 소개한다.

 1 풀 RESTAURANT

비건을 지향하는 사람과 그렇지 않은 사람들 모두 만족시키는 비건 음식점. 비건 음식이라 심심하지 않을까라는 생각이 무색할 정도로 모든 메뉴가 맛있다. 특히 풀의 고정 음식인 마파가지덮밥은 건강하면서도 든든하게 배를 채울 수 있어 인기 만점. 전주 특산물 미나리로 만든 수제 미나리페스토, 바삭하게 구워진 버섯파전 등 시즌별로도 색다른 음식을 맛볼 수 있다.

INFO
- Ⓐ 전주시 완산구 전라감영3길 13-8 Ⓣ 063-284-2050
- Ⓗ 화-토 11:30-21:00, 일 11:30-14:30 (월요일 휴무)
- Ⓘ @pool.vegan Ⓟ 마파가지덮밥 10,000원 Ⓜ Map → 3-R14

 2 풀꽃세상 RESTAURANT

로컬들에게 사랑받는 채식 뷔페. 내부 정원으로 들어서면 푸릇푸릇한 식물들이 반긴다. 입구에서 계산을 하고 들어가면 건강한 요리들을 마음껏 접시에 담아 먹을 수 있다. 채식 뷔페답게 다양한 채소 메뉴들이 있으며, 콩고기, 버섯 탕수육, 과일들도 여러 종류가 있다. 채식주의자들을 위한 메뉴뿐만 아니라 삼계탕, 오리주물럭 등의 메뉴도 있어 일반인들도 많이 방문한다.

INFO
- Ⓐ 전주시 완산구 우림로 1036-13 Ⓣ 063-221-3355
- Ⓗ 매일 11:30-21:00 Ⓟ 주말 18,000원 Ⓜ Map → 3-R4

3 감로헌 RESTAURANT

직접 농사짓고, 공수한 신선한 식재료로 우리나라 전통 건강 음식을 선보이는 비건 식당. 약선밥상 메뉴를 시키면 젓갈 없는 김치, 멸치육수가 아닌 한약재를 베이스로 끓인 된장국, 두부강정, 콩고기, 과일샐러드 등 반찬 하나하나 주인장의 정성이 들어간 여러 가지 음식들을 맛볼 수 있다. 농사짓는 거에 따라 반찬들이 바뀌니 계절별로 방문해 맛보는 재미도 있다.

INFO
- Ⓐ 전주시 덕진구 권삼득로 247 Ⓣ 063-275-8811
- Ⓗ 월-토 11:30-21:00 (일요일 휴무)
- Ⓟ 약선밥상 16,000원 Ⓜ Map → 4-R5

4 채식주의자의 무화과 CAFE

비건을 위한 음료, 디저트를 선보이는 카페. 귀리우유로 만든 스무디, 직접 만든 시럽과 무가당 두유를 활용한 음료 등을 맛볼 수 있다. 그중 주인장이 추천하는 메뉴는 보리를 저온 로스팅한 보리음료로 쓴맛이 없고, 고소해 함께 만든 국산 쑥 카스텔라와 먹으면 금상첨화다. 이외에도 유기농 코코아, 유기농 메이플 시럽 등 비건 요리에 쓰이는 재료도 함께 판매한다.

INFO
- Ⓐ 전주시 완산구 선너머로 36
- Ⓣ 010-9305-8254
- Ⓗ 수-일 12:00-21:00 (월, 화요일 휴무)
- Ⓘ @figformvegan
- Ⓟ 무카페인 보리커피 4,000원
- Ⓜ Map → 3-C4

5 라므아르 CAFE

하얀 외관을 따라 들어서면 앤티크한 가구들이 반기는 작고 아담한 비건 카페. 음료도 맛있지만, 이곳이 사랑받는 이유는 비건 케이크 때문. 앙호박케이크, 인절미쑥팥크림케이크, 베리얼그레이케이크 등 주인장이 직접 만든 비건 케이크를 맛볼 수 있다. 케이크들은 고소하면서도 부드러워 계속 손이 간다. 디저트 메뉴는 매일 조금씩 달라지니 SNS를 통해 확인하자.

INFO
- Ⓐ 전주시 덕진구 권삼득로 223-1
- Ⓣ 010-8504-3545
- Ⓗ 목-화 12:00-19:00 (수요일 휴무)
- Ⓘ @cafe_la_moire
- Ⓟ 루비자몽스쿼시 5,000원
- Ⓜ Map → 4-C5

6 도넛킬러 전주송천점 CAFE

당일 생산, 당일 판매를 원칙으로 하는 비건 도넛 전문점. 흑임자, 얼그레이피치, 로즈마리, 쑥인절미, 단호박, 피스타치오 등 여러 종류의 달콤하고 담백한 비건 도넛을 맛볼 수 있다. 도넛 나오는 시간이 조금씩 다르니 SNS를 통해 확인하고 방문하길 바란다. 남은 도넛을 포장해 간다면 전자레인지에 12초 정도 데워서 먹어보자. 부드럽고 담백한 맛을 즐길 수 있다.

INFO
- Ⓐ 전주시 덕진구 송천중앙로 225
- Ⓣ 070-4070-3950
- Ⓗ 매일 10:00-22:00
- Ⓘ @donut_killer_jj
- Ⓟ 흑임자 비건 도넛 3,500원
- Ⓜ Map → 4-D2

01

SELECT & SOUVENIR SHOP : 전주를 기념하기 위한 편집숍 & 기념품 숍

02

LOCAL MARKET : 로컬의 일상을 만나는 시간

03

SOUVENIR & FOOD ITEM : 전주 기념품

LIFESTYLE & SHOPPING

여행에서 빠질 수 없는 쇼핑. 그곳에서만 만나볼 수 있는 물건을 발견했을 땐 여행의 재미가 한층 더 깊어진다. 주인장의 취향이 담긴 숍부터 로컬들의 일상을 들여다볼 수 있는 시장까지. 보는 재미, 사는 재미 모두를 느낄 수 있는 곳들을 만나보자.

1 카카오프렌즈 전주한옥마을점

카카오프렌즈 캐릭터를 좋아하는 사람이라면 꼭 방문해야 하는 곳. 다양한 소품, 장난감과 문구류, 여행 관련 제품 등 카카오프렌즈 캐릭터를 활용한 디자인 제품들이 가득 진열되어 있다. 특히 전주의 특색을 살린 인센스 향, 카카오프렌즈 캐릭터가 찍힌 초코파이, 한복 입은 카카오프렌즈 캐릭터 인형은 전주에서만 만나볼 수 있다. 전주한옥마을 풍남문 교차로 바로 앞에 자리해 한옥마을을 구경 후 기념품을 사도 좋다.

Ⓐ 전주시 완산구 팔달로 126
Ⓣ 063-285-1230
Ⓗ 매일 10:00-21:00
Ⓜ Map → 3-S14

ZERO WASTE

2 소우주

간판이 없어 그냥 지나칠 수 있다. 제로 웨이스트 숍으로 우주를 살리는 작은 실천을 하고 싶은 주인장의 마음이 공간 가득 채워져 있다. 제로 웨이스트 숍답게 천연 수세미, 샴푸바, 소창이라는 옷감으로 만든 수건, 섬유 유연 시트 대신 사용할 수 있는 양모볼 등 일상생활에서 바로 쓸 수 있는 친환경 제품들을 판매한다. 가루로 된 세제, 구연산, 베이킹소다 등 가져온 용기에 필요한 만큼 담아 구매할 수 있는 리필 스테이션도 마련되어 있다.

Ⓐ 전주시 덕진구 숲정이길 11-1   Ⓣ 010-7913-6196
Ⓗ 월-토 10:00-17:00 (일요일 휴무)
Ⓘ @mikrokosmos7000   Ⓜ Map → 4-S5

SELECT & SOUVENIR SHOP

전주를 기념하기 위한 편집숍 & 기념품 숍

각자의 개성을 살린 편집숍과 기념품 숍이 곳곳에 자리한 전주. 친환경 제품을 살 수 있는 제로 웨이스트 숍부터 아기자기한 액세서리들을 만날 수 있는 편집숍까지. 오직 전주에서만 만날 수 있는 공간들을 소개한다.

3 제제의 미학

우드와 화이트 인테리어가 눈길을 사로잡는 라이프스타일 숍. 소품, 린넨 의류, 와인, 가구 등 다양한 라이프스타일의 제품들을 판매한다. 정적인 분위기의 공간이 한옥마을과 잘 어울려 구경하는 재미도 있다. 빛이 들어오는 창가에는 한복을 입은 사람들이 지나가 정적인 분위기와는 또 다른 느낌을 자아낸다. 한옥마을 내 최명희문학관 옆에 자리하고 있으니, 한옥마을과 함께 일정에 묶어서 구경하자.

Ⓐ 전주시 완산구 최명희길 25
Ⓣ 010-7249-7998　Ⓗ 매일 11:00-19:00
Ⓘ @jeje_store__　Ⓜ Map → 3-S12

4 늘미곡

전주 최초 제로 웨이스트 숍. 전라북도에서 생산된 찹쌀, 현미, 귀리, 수수, 율무, 서리태, 백태 등 신선한 잡곡들을 100g 단위로 소분해 판매를 한다. 소분 용기 지참 시 5% 할인도 되니 환경도 살리고, 할인도 받고. 이 외에도 샴푸바, 대나무 칫솔, 건성, 지성, 약산성 등 피부 타입에 따라 나눈 비누바 등 다양한 친환경 제품들을 만나볼 수 있다. 일상에서 어떤 제품부터 바꿔야 할지 고민이라면 주인장에게 추천을 받아보자.

Ⓐ 전주시 완산구 선너머로 16　Ⓣ 070-4240-0225
Ⓗ 화-토 12:00-19:00 (일, 월요일 휴무)
Ⓘ @neulmigok　Ⓜ Map → 3-S1

5 오브젝트 전주점

아기자기한 소품, 문구류를
판매하는 숍. 엽서부터 케이스,
포스터, 가방, 컵, 액세서리 등
작가들의 다양한 작품이 진열되어 있는
오브젝트 소품을 하나하나 구경하다 보면 언제 시간이 훌쩍
지났는지 모를 수 있다. 오브젝트와 그 옆 맥시칸치킨에서
함께 돌보는 고양이 오맥이는 오브젝트의 또 다른 마스코트로
손님들을 반긴다. 기념품으로 구매하기 좋은 제품도 많으니
객리단길에 간다면 꼭 방문해 보자.

Ⓐ 전주시 완산구
전주객사3길 74-36
Ⓣ 063-288-1002
Ⓗ 매일 12:00-20:00
Ⓜ Map → 3-S5

6 소모

서학동예술마을을 걷다 보면
하얀 주택이 눈에 들어오는
소품 숍. 패브릭 코스터, 스트링
파우치, 미니 백, 텀블러 백, 스크런치
등 소박하지만 깔끔한 패브릭 제품들을
패션과 선, 후배 출신의 세 사람이 직접 기획, 생산하여 판매한다.
소모라는 이름처럼 써야지 비로소 빛나는 것이라는 주제로 한 땀
한 땀 정성스레 만들었다. 패브릭 제품 외에도 엽서, 연필, 머그컵,
열쇠고리 등 일상에서 필요한 소품들을 제작, 판매한다.

Ⓐ 전주시 완산구 서학3길 71
Ⓣ 070-4888-5580
Ⓗ 수-월 11:00-18:00
(화요일 휴무)
Ⓘ @somo_office
Ⓜ Map → 3-S16

7 오디너리크래프트클럽

각기 다른 소재, 제작 방식으로 저마다의 가치와 방향성을 담은 크래프터들의 브랜드와 제품들을 선보이는 공간. 7년째 가죽 공예를 하는 주인장이 가죽 제품뿐만 아니라 다른 제작자들의 핸드메이드 제품들도 함께 선보이고 싶은 마음으로 2층을 작업실로, 1층을 편집숍으로 꾸몄다.
1층에는 다양한 핸드메이드 소품과 가죽 제품 등을 판매하며, 2층에서는 제품 제작, 원데이 클래스도 진행을 한다.

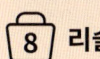

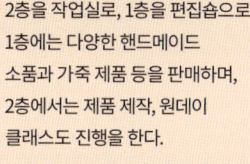

Ⓐ 전주시 완산구 전라감영2길 24
Ⓣ 063-225-8192
Ⓗ 금-토 14:00-20:00
 (일-목요일 휴무)
Ⓤ ordinarycraftclub.com
Ⓘ @ordinary_craftclub
Ⓜ Map → 3-S2

8 리슬

생활 한복을 찾아본 사람이라면 누구나 아는 모던 한복 리슬. 전주역 앞에 본점이 있는 리슬은 일상생활에서도 쉽고, 예쁘게 입을 수 있는 한복을 만들어 판매한다. 상의, 하의, 원피스, 액세서리 등 한복을 새롭게 재해석한 의류들이 매장 가득 전시되어 있다. 한복에 관심은 있지만 입기 부담스러웠다면 주저 말고 리슬로 향해보자. 마음에 드는 일상 한복을 만날 수 있을 것이다.

Ⓐ 전주시 덕진구 동부대로 687
Ⓣ 070-4219-2293
Ⓗ 월-토 10:00-19:00
 (일요일 휴무)
Ⓘ @leesle
Ⓜ Map → 4-S2

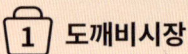

1 도깨비시장

새벽이면 싸전다리와 매곡교 사이 전주천에서 진귀한 광경을 볼 수 있다. 아무것도 없던 자리에 하나둘 상인들이 모여들면서 좌판을 벌인다. 채소, 생선, 잡화 등 여러 제품을 판매하며, 어묵 등 간단한 간식도 먹을 수 있다. 비가 오는 날이나 눈이 오는 날 등 날씨가 좋지 않은 날에는 열지 않는다. 도깨비시장 이름처럼 새벽에만 열리니 참고하자.

Ⓐ 전주시 완산구 서서학동 싸전다리
Ⓗ 매일 약 05:00-08:00 Ⓜ Map → 3-S9

2 남부시장

전주의 대표 시장인 남부시장. 한국 전통시장의 유래와 비슷한 역사를 가지고 있을 만큼 오래된 시장이다. 한옥마을 맞은편에 있어 로컬뿐만 아니라 여행객에게도 인기가 많은 시장으로 채소, 해산물은 물론 생필품 등 시장에서 판매하는 대부분의 제품을 판매한다. 시장 내 콩나물국밥, 피순대 등 맛집도 많다.

Ⓐ 전주시 완산구 풍남문1길 19-3   Ⓣ 063-284-1344
Ⓗ 매일 09:30-22:00   Ⓜ Map → 3-S8

Plus. 남부시장 청년몰

남부시장 2층에 위치한 청년몰. 젤라또, 편집숍, 책방, 식당, 카페 등 여러 청년들이 모여 만든 복합문화쇼핑몰이다. 월요일에는 쉬는 가게가 많으니 참고하자.

Ⓐ 전주시 완산구 풍남문2길 53 2F
Ⓣ 063-288-1344
Ⓜ Map → 3-S11

LOCAL MARKET

로컬의 일상을 만나는 시간

로컬 여행을 하고 싶다면 전통 시장으로 가보자. 그들의 일상을 가장 가까이에서 마주할 수 있다. 전주의 로컬 맛집들이 가득 모여있는 시장부터 새벽에만 도깨비처럼 잠깐 왔다가 사라지는 시장까지, 전주에서 열리는 다양한 전통 시장을 소개한다.

③ 신중앙시장

전주의 중앙에 자리한 전통시장. 1948년 연초제조창이 생기면서 상인들이 하나둘 모여 자연스럽게 형성된 시장이다. 약 200여 개의 점포가 들어와 있는 시장으로 반찬부터 시작해 농수산물, 축산물, 식료품, 의류, 잡화 등 다양한 제품을 판매한다. 시장 내 맛집도 여럿 있으니 시장 구경 후 이곳에서 한 끼 해도 좋다.

Ⓐ 전주시 완산구 서노송동 763-1
Ⓣ 063-253-6535
Ⓗ 매일 09:00-21:30
Ⓜ Map → 3-S4

④ 모래내알짜시장

1970년대 형성된 전통시장. 알짜시장이라는 이름답게 채소, 과일, 정육, 생선, 건어물, 의류, 잡화 등 시장에서 살 수 있는 알짜들만 모아서 판매한다. 값싸고 질 좋은 물건들이 많아 관광객보다는 로컬들이 많이 찾는 곳이다. 매일 깨끗한 기름에 튀겨내 바삭하면서도 부드러운 치킨도 모래내알짜시장에서 빠질 수 없는 인기 메뉴. 이 외에도 군만두, 찐빵, 족발, 순대, 수제비 등 맛과 가격이 모두 착한 음식들도 맛볼 수 있다.

Ⓐ 전주시 덕진구 모래내4길 8-8
Ⓣ 063-278-5802   Ⓜ Map → 4-S4

SOUVENIR & FOOD ITEM

전주 기념품

전주에서 어떤 기념품을 사야 할지 고민이라면 여기를 주목하자. 초코파이부터 전주의 특색을 살린 비빔빵, 모주 등 다양한 먹거리와 마실 거리, 제품들을 소개한다. 전주를 여행하며 양손 가득 선물로 채워보자.

FOODS
전주의 먹거리

2,500 WON

전주 비빔면
우리 쌀, 우리 밀로 만든 쫄깃한 면에 비빔밥 양념을 재현한 소스가 들어간 비빔면. 매콤달콤한 맛으로 입맛을 돋운다.

4,000 WON

전주 오징어 비빔빵
각종 채소가 아삭아삭 씹히는 비빔빵. 매콤달콤한 고추장소스가 들어갔으며, 비빔밥과는 다른 색다른 식감을 느낄 수 있다.

천년누리 전주빵카페 (P.075)
Ⓐ 전주시 완산구 현무3길 91
Ⓜ Map → 3-D8

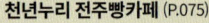

PNB 초코파이
전주 여행하면 가장 먼저 떠오르는 기념품, 수제 초코파이. PNB 풍년제과 매장이 전주 곳곳에 있으니 선물이 고민된다면 주저 없이 초코파이를 구매하자.

PNB 풍년제과 본점 (P.073)
Ⓐ 전주시 완산구 팔달로 180
Ⓜ Map → 3-D7

2,300 WON

12,000 WON

초콩나무 빼빼로
전주에서 자란 콩나물 콩과 우리 밀로 만든 빼빼로. 바삭하면서도 달달해 아이들도 좋아할 간식이자 선물이다.

16,500 WON

모주초콜릿
색다른 선물을 찾는다면 모주초콜릿을 구매해보자. 실제 모주가 함량 되어 있으며, 모주초콜릿 외에 소주, 복주 초콜릿도 판매한다. 단, 술이 들어간 초콜릿의 경우 19세 미만에게 판매하지 않는다.

모주초콜릿
Ⓐ 전주시 완산구 팔달로 128 Ⓣ 0505-723-1988
Ⓗ 목-화 11:00-13:00 (수요일 휴무) Ⓜ Map → 3-S13

DRINKS
전주의 마실 거리

3,000~ WON

모주
막걸리에 한약재를 넣고 끓인 모주. 거리에서 판매하는 모주도 맛있지만, 콩나물국밥집에서도 직접 만든 모주를 판매하니 마셔보고 구매를 해도 좋다.

20,000 WON (10PACK)

쌍화탕
전통 한약방 제1호 인증 업소인 남창당 한약방에서 약초 농장을 직접 운영하며 만든 쌍화탕. 부모님께 선물하기 좋다.

남창당 한약방
Ⓐ 전주시 완산구 태조로 54 Ⓣ 063-284-8586
Ⓗ 매일 08:30-19:00 Ⓜ Map → 3-S15

7,900 WON

수제 맥주
술을 좋아한다면 빠질 수 없는 수제 맥주. 전북에서 생산된 밀을 이용해 만든 전주밀맥주와 쌀맥주 등의 수제 맥주가 있다.

라한호텔 전주산책 (P.031)
Ⓐ 전주시 완산구 기린대로 85
Ⓜ Map → 3-S17

18,000 WON

카카오프렌즈 인센스
백단나무 향, 귤피 향, 개암 향 등 세 가지 향의 인센스를 카카오프렌즈 전주한옥마을점에서 구매할 수 있다. 포장도 전주감래라는 이름으로 전주와 어울려 선물로 제격이다.

카카오프렌즈 전주한옥마을점 (P.096)
Ⓐ 전주시 완산구 팔달로 126
Ⓜ Map → 3-S14

SOUVENIR
전주의 기념품

7,000 WON

전주 마그넷
여행을 좋아하는 사람이라면 모으는 마그넷. 전주에도 한옥마을 거리, 공예품전시관 등 곳곳에 다양한 전주 마그넷을 판매한다.

PLACES TO STAY

전주에서 숙소 예약하기

여행에서 차지하는 숙소의 비중이 점점 더 커지고 있다. 그만큼 숙소에 대한 기대감이 높아졌다. 전주는 이러한 기대감을 충족시켜줄 숙소가 많다. 한국의 감성을 느낄 수 있는 한옥 숙소부터 편안한 잠자리를 제공하는 호텔까지, 자신의 여행 목적에 맞게 숙소를 정해보자.

HANOK STAY
한국의 감성, 한옥 숙소

우리나라 최대 규모의 전통한옥마을이 있는 전주에는 한옥 숙소가 많다. 한옥 게스트하우스도 많지만, 독립된 공간의 한옥 숙소는 가족, 연인, 친구 모두에게 사랑받는 숙소 유형. 한국적인 인테리어와 소품으로 한국의 감성 숙소라 불리는 한옥에서 전주의 감성을 느껴보길 바란다.

1 일상이상

Ⓐ 전주시 완산구 인봉1길 16-4
Ⓣ 0504-0904-2460
Ⓘ @stay_1sang2sang
Ⓜ Map → 3-H2

평범하게 보내는 일상에서 가장 이상적인 하루를 보냈으면 하는 마음으로 공간을 구성한 일상이상. 본채와 별채, 마당으로 이루어져 있으며, 별채에는 실내 욕조가 마련되어 있다. 기와지붕 아래에서 기타 연주곡의 웰컴 음악을 들으며 사색에 빠져보자. 무료했던 하루가 또 하나의 추억을 가져다줄 것이다. 마당에는 수공간과 화로, 정원이 있어 밤에는 불멍하기도 좋다.

2 청연

Ⓐ 전주시 완산구 전주천동로 80-19
Ⓣ 010-2465-7205
Ⓘ @stay_cheongyeon
Ⓜ Map → 3-H4

강암서예관 바로 옆에 자리한 한옥 독채 숙소. 맑고 깨끗한 인연이란 뜻을 가진 청연은 공간도 서까래와 화이트 인테리어로 맑고 깨끗한 느낌을 가져다준다. 내부는 거실, 침실, 주방, 욕실로 이루어져 있으며, 마당에는 수공간이 마련되어 있다. 성인 2명이 들어가도 넉넉한 욕조에 몸을 담근 후 창밖을 바라보면 기와지붕이 보여 한국 고유의 아름다움을 더욱 깊게 느낄 수 있다.

3 그 여자네 집

한옥마을 내에 있는 한옥 스테이. 마루, 문, 서까래를 그대로 살려 전통 한옥의 멋과 현대의 편리함이 공존하는 공간이다. 2018년 게스트하우스로 시작한 그 여자네 집은 2020년 독채로 리모델링하면서 한 팀만을 위해 공간을 구성했다. 이곳이 사람들에게 사랑받는 이유는 욕조 위 작은 창, 지붕의 작은 창으로 하늘을 볼 수 있다.
아침에는 로스팅한 커피와 토스트, 과일 등을 제공한다.

Ⓐ 전주시 완산구 향교길 101
Ⓣ 010-2480-3055
Ⓘ @geuyeojanejip
Ⓜ Map → 3-H3

Ⓐ 전주시 완산구 대동로 9-18
Ⓣ 010-8707-3683
Ⓘ @taepyeonggt
Ⓜ Map → 3-H1

4 태평고택

민트색 대문을 열고 들어가면 한옥 숙소를 만날 수 있다. 이곳이 매력적인 이유는 실내 욕조뿐만 아니라 실외 욕조도 있다는 것. 사해소금입욕제도 마련되어 있어 작은 부분 하나까지 신경 쓴 걸 볼 수 있다. 인생 사진도 남길 수 있어 친구와 와도 좋고, 연인과 함께 와도 좋다. 태평이라는 이름처럼 이곳에서만큼은 아무 걱정 없이 편안하게 보내다 가길 바란다.

5 늦잠

서학동예술마을 골목에 자리한 한옥 스테이. 50년 전에 지어진 한옥을 새로운 공간으로 재탄생시켰다. 기존의 전통 기와, 창살무늬 현관, 대청마루, 서까래 등을 그대로 보존하면서 현대적인 인테리어 요소를 가미해 한국적인 아름다움을 현대적으로 풀어낸 공간이다. 채광이 쏟아지는 이곳에서 늘어지게 늦잠을 자며 여행의 피로를 풀길 바란다.

Ⓐ 전주시 완산구 서학3길 73-15
Ⓣ 010-6833-5337
Ⓘ @ntjaam　Ⓜ Map → 3-H6

6 사로

늦잠과 마찬가지로 서학동예술마을 골목에 자리한 한옥 독채 스테이. 1970년대 한옥들이 모인 작은 골목에 있던 한옥을 감각적으로 개조했다. 작은 길이라는 뜻의 사로는 골목에 들어섰을 때 보여지는 외관과 들어섰을 때 마주하는 공간이 마음을 앗아갈 만큼 아름답다. 마당에 심어진 조선 소나무 한 그루는 다른 인테리어가 필요 없이 한국 여백의 미를 느낄 수 있다.

Ⓐ 전주시 완산구 서학3길 73-22
Ⓣ 010-5591-1070
Ⓘ @saro_stay
Ⓜ Map → 3-H5

PLAN YOUR TRIP : TRAVELER'S NOTE

Traveler's Note

❝ 문화, 역사, 예술, 그리고 자연을 품은 전주.
9가지의 숫자를 통해 전주를 좀 더 깊게 알아보자. ❞

700 Houses

국내 최대 규모의 전통 한옥촌인 전주한옥마을의 한옥은 약 700여 채. 1910년대 조성된 한옥마을에는 태조 이성계의 어진이 있는 경기전, 오목대, 전주향교 등 중요 문화재가 있다.

30 km

전주의 남동쪽에서 북서쪽으로 흐르는 전주천의 길이는 30km. 1988년 자연하천 조성사업을 통해 생태하천으로 복원된 전주천은 현재 시민들에게 힐링을 선사하는 공간이 되었다.

30 Kinds

전주비빔밥에 들어가는 재료는 약 30여 가지. 콩나물로 지은 밥에 계절마다 다른 신선한 야채를 넣어 만든 전주비빔밥은 200여 년 전부터 비빔밥을 즐겨 먹었다고 전해진다.

14 Kinds

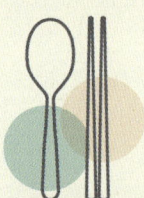

전주 한정식의 기본 상차림의 개수는 14가지. 국, 김치, 젓갈, 장아찌, 게장, 마른반찬, 구이, 탕, 찜, 적, 나물, 편육, 회, 전골 등으로 이루어진다. 식당마다 계절마다 반찬은 달라질 수 있다.

1 Number

우리나라에서 최초로 유네스코 음식창의도시로 선정된 전주. 콜롬비아 포파얀, 중국 칭다오, 스웨덴 외스테르순드에 이어 2012년 네 번째로 지정되었다.

24 Spots

30년 이상 명맥을 유지하면서 오래도록 사람들에게 사랑을 받아온 백년가게가 전주에 24곳이 있다. 그때산집, 신한양불고기, 만성한정식, 영흥관, 한벽집 등의 식당들이 지정되었다.

99 Wanpanbon

조선 후기 전주에서 출판한 방각본인 완판본의 종류는 99종. 비소설 52종, 국문 소설 46종, 한문 소설 1종으로 한옥마을 내 완판본문화관에 가면 완판본을 자세히 볼 수 있다.

80 %

한지의 고장 전주는 조선 시대 한지 생산량의 전국 70~80%를 차지할 정도로 번성하였다. 전주천의 맑은 물과 닥나무를 활용해 최고의 한지를 생산했으며, 그 명맥을 이어가고 있다.

206.22 km²

전주의 면적은 206.22km2. 지형이 대체로 평탄하고 완만해 여행하기 좋다. 짧은 기간 여행하기도 좋아 주말여행을 계획한다면 전주가 최적의 여행지가 될 수 있다.

PLAN YOUR TRIP : CHECK LIST

Check List

> 전주를 여행하기 전, 소소하지만 참고하면 좋을 9가지 리스트를 체크하고 가자.

Day off
전주수목원, 도서관, 역사박물관 등 월요일 휴관인 경우가 많다. 아이들과 함께하는 여행을 계획했다면 휴관일을 확인한 후 일정을 짜길 추천한다.

Open
전주는 아침 일찍 문을 여는 식당들이 많다. 국밥집, 해장국집 등 24시간 하는 식당들도 많으니 아침 일찍 계획을 세웠거나, 늦은 밤 도착을 한다고 해도 걱정하지 않아도 된다.

Speciality
전주 지역의 특산물을 꼭 맛보고 가자. 콩나물이 들어간 국밥부터 황포묵, 모래무지를 이용해 만든 오모가리탕까지. 전주에서 먹으면 더 맛있는 특산물들은 미식의 세계로 인도할 것이다.

Souvenir
전주를 여행 왔다면 기념품을 빼먹지 말자. 수제 초코파이, 모주로 만든 초콜릿, 모주, 비빔면 등 전주를 기념할 수 있는 제품들이 많다. 선물로도 손색이 없으니 양손 가득 채워보길 바란다.

Discount
액티비티, 관광지의 입장료 등을 인터넷 사이트를 통해 할인해서 판매하는 경우가 많다. 여행을 계획하고 있다면 미리 예약해 여행 경비를 조금이라도 줄여보자.

SNS
전주의 카페, 한옥 숙소 등의 경우 공지 사항과 휴무일 등을 SNS에 올리는 경우가 많다. 비정기적으로 문을 닫을 경우에도 SNS에 공지하는 경우가 많으니 미리 확인 후 방문하자.

Market
전주 내에는 전통시장이 여럿 있다. 피순대, 콩나물국밥 등 오래된 맛집이 모여 있는 남부시장부터 새벽에만 잠깐 열리는 도깨비시장, 로컬들이 자주 찾는 모래내알짜시장까지. 시장을 방문해 로컬들의 일상을 들여다보자.

Bus
전주는 관광지로 갈 수 있는 버스가 많다. 배차 간격도 좁아 뚜벅이로 여행한다고 해도 어려움이 없다. 버스로 가기 어려운 경우 택시를 이용하면 쉽게 갈 수 있으며, 택시비가 생각보다 많이 나오지 않는다.

Local Money
전주에는 '전주사랑상품권'이라는 카드형 지역 화폐가 있다. 전주 지역 내 유통을 통해 지역 상권을 보호하고 경제 활성화를 위해 발행하였다. 월 30만 원까지 충전 후 사용 시 10% 캐시백이 된다.

PLAN YOUR TRIP : SEASON CALENDAR

Season Calendar

> 계절마다, 날씨마다 색다른 모습을 볼 수 있는 전주.
> 사계절 내내 인기 있는 여행지 전주의 날씨를 확인해 보자.

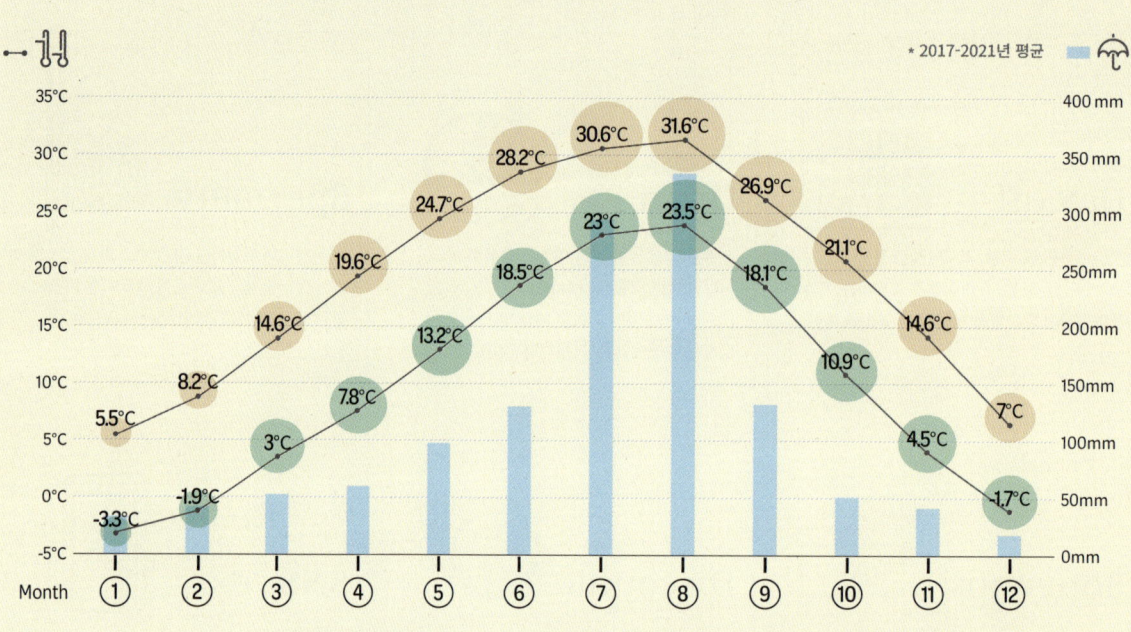

12~2

12~2월 겨울

겨울이면 영하권으로 날씨가 내려가 밖으로 돌아다니기에는 어려움이 있을 수 있다. 실외 여행을 계획하고 있다면 옷을 두껍게 챙겨 입길 바란다. 미술관, 박물관 같은 실내 여행지를 추천하며, 고즈넉한 한옥 위에 쌓인 눈을 바라보며 시간을 보내도 좋다.

3~5

3~5월 봄

봄이 오면, 온화한 날씨가 찾아와 여행의 계절이 돌아온다. 기온도 10도 중반에서 20도 초반을 왔다 갔다 해 여행하기 좋다. 단, 아침저녁으로 쌀쌀할 수 있으니 가벼운 외투를 챙기자. 벚꽃, 겹벚꽃, 진달래 등 봄꽃들이 핀 스폿들은 꼭 들러보길 바란다.

6~8

6~8월 여름

기온이 30도까지 올라가 무더운 여름이 2~3달 지속된다. 강수량도 다른 계절에 비해 2~3배 이상으로 증가하니 우산과 선크림은 필수로 챙겨야 한다. 전주는 실외 여행지가 많으니 미리 일기예보를 확인하고 계획을 세우길 바란다.

9~11

9~11월 가을

가을에도 온난한 날씨가 이어진다. 많이 덥지도, 춥지도 않아 여행하기 최적의 날씨. 다만, 아침저녁으로 찬 바람이 불기 때문에 감기에 걸리기 쉬우니, 옷차림에 신경을 써야 한다. 한옥마을은 은행나무로 노랗게 물들어 아름다운 풍광을 자랑해 여행 일정에 꼭 넣길 바란다.

PLAN YOUR TRIP : FESTIVAL

Festival

> 1년 365일 볼거리, 즐길 거리, 먹거리가 가득한 전주.
> 전주 여행을 좀 더 의미 있게 채워줄 전주의 축제를 소개한다.

April
전주국제영화제
영화 예술의 대안적 흐름과 독립, 실험영화의 작품들을 소개하는 전주국제영화제. 매년 4월 말에서 5월 초 사이 전주 영화의 거리에서 개최된다. 이 시기에 전주 영화관에서는 독립영화를 관람할 수 있다.

June
전주문화재야행
달이 뜨는 밤 경기전에서 아름다운 광경을 만날 수 있는 문화재야행. 2020 한국관광공사 야간관광 100선에 선정될 만큼 고즈넉한 경기전에서 걷는 시간은 아름다운 추억을 선사한다. 경기전 일원에는 다양한 행사도 마련되어 있다.

September
전주대사습놀이
최고의 국악 명인, 명창을 뽑는 등용문이자 멋과 흥이 가득한 우리나라 전통 음악, 놀이를 볼 수 있는 축제. 판소리명창부, 농악부, 무용부, 기악부, 시조부, 민요부, 가야금병창부, 판소리일반부, 궁도부, 명고수부 등 10개 부분으로 개최한다.

May
전주한지문화축제
매년 5월 한지의 우수성을 알리기 위해 열리는 축제. 1997년 시작한 이 축제는 전통한지공예 경진대회를 통해 전국 우수 공예인을 발굴하며, 한지의 산업화에 기여한다. 한지를 만드는 방법도 직접 볼 수 있으며, 체험도 가능하다.

September
전주세계소리축제
우리 전통음악에 맞춰 신명 나게 놀 수 있는 축제. 판소리에 근간을 두고, 특정 음악에 치우치지 않은 분야별 세계적인 아티스트의 공연을 볼 수 있다. 각 나라의 전통이 깃든 음악들도 들을 수 있으며, 매년 9월에서 10월 개최된다.

October
비빔밥축제
전주를 넘어 우리나라를 대표하는 음식, 비빔밥. 비빔밥을 주제로 체험, 시식, 경연 등 다양한 프로그램이 구성된 비빔밥축제를 매년 10월 전주한옥마을 일대와 한국전통문화전당에서 만나볼 수 있다.

PLAN YOUR TRIP : TRANSPORTATION

Transportation

> 뚜벅이에게도 좋고, 차를 운전하는 여행자들에게도 최적의 여행 장소인 전주.
> 전주 여행의 발이 되어줄 교통수단을 소개한다.

기차 타고 전주 가기

출발하는 지역에서 차를 타고 바로 가는 방법보다 전주역에 내려 대중교통, 렌터카를 이용하는 방법을 추천한다.

전주역
전주의 KTX 기차역. 서울에서 전주까지 2시간 채 걸리지 않아 차를 이용하는 방법보다 훨씬 더 빨리 도착할 수 있다. 전주역 부근 렌터카를 이용할 수 있는 곳도 많으며, 택시, 버스 등 관광지로 바로 이동할 수 있는 대중교통도 많다. 시간과 비용 면에서도 효율적이다.
- Ⓐ 전주시 덕진구 동부대로 680   Ⓜ Map → 4-★6

고속·시외버스 타고 전주 가기

기차보다 시간은 오래 걸리지만, 기차가 서지 않은 지역에서는 버스를 타고 전주를 와도 좋다. 전주고속버스터미널, 전주시외버스공용터미널에서 가는 곳들이 많으니 자신의 출발지와 맞는 곳을 찾아보자. 동서울종합터미널에서 전주고속버스터미널까지는 약 3시간 정도 소요된다. 터미널 근처에도 렌터카 업체가 많으며, 관광지로 이동하는 버스도 많이 다닌다.

1. 전주고속버스터미널
광주, 부산, 울산, 대구, 대전, 인천, 경기권, 서울권 등에서 바로 올 수 있다. 버스 배차 간격도 짧고, 한옥마을과는 차로 10분, 버스로도 20분 내외로 가깝다.
- Ⓐ 전주시 덕진구 가리내로 70
- Ⓣ 1668-1600   Ⓜ Map → 4-★10

2. 전주시외버스공용터미널
전주고속버스터미널 옆에 있다. 서울, 경기, 인천, 대전, 대구, 부산, 세종, 강원, 충북, 충남, 경북, 경남, 전북, 전남까지 대부분의 지역을 시외버스공용터미널에서 갈 수 있다.
- Ⓐ 전주시 덕진구 가리내로 30
- Ⓣ 1688-1745   Ⓜ Map → 4-★11

전주에서 이동하기

전주는 다른 지역과 달리 버스와 택시 등 대중교통이 잘 되어 있다. 배차 간격도 짧으며, 버스도 많이 다닌다. 택시들도 많이 다니며, 관광지와 관광지 사이의 거리가 짧아 택시비도 다른 지역 관광지보다 많이 나오지는 않는다.

1. 렌터카
전주에서 많은 곳을 다닌다면 렌터카를 빌려도 좋다. 전주역, 버스터미널 등 인근에서 비교적 쉽게 서비스를 이용할 수 있다.

2. 택시
어디서나 택시를 이용할 수 있다. 전주역 앞에는 택시들이 줄지어 서 있으며, 카카오택시를 부르거나 각 지역에 해당하는 콜택시를 부르면 된다. 여행자의 위치로 찾아와 원하는 곳까지 안전하게 데려다준다. 단, 출퇴근 시간에는 택시가 잘 잡히지 않으니 유의할 것.

전주관광택시
전주시에서 운영하는 관광택시로 전주의 베테랑 기사가 운행하는 택시이다. 전주 원하는 장소 어디든 데려다주며, 맛집과 명소도 추천해 준다. 여행 일정이 고민이라면 전주역에서 출발해 덕진공원, 전주동물원, 전주수목원, 한옥마을 등을 둘러볼 수 있는 알뜰 코스도 있으니 문의하길 바란다. 사전 예약 필수.
- Ⓣ 010-3000-0340, 010-3670-5729, 010-6615-5859
- Ⓟ 3시간 50,000원, 5시간 80,000원, 추가 요금 시간당 20,000원
- Ⓤ jjtourtaxiofficial.modoo.at

Tip.
전주관광택시를 이용 후 기사님 명함을 받아 해당 영업점에 제시하면 한복 체험 (기린한복, 교동한복, 어디야한복, 비빔한복) 반값, 한옥레일바이크 5,000원 할인을 받을 수 있다.

3. 버스
뚜벅이 여행자들에게 가장 추천하는 대중교통, 버스. 전주 중요 여행 스폿을 순환하는 버스가 많아 오래 기다리지 않고도 버스를 타고 이동할 수 있다. 999번 빨간 버스 등 여행자들의 편의를 위한 버스도 마련되어 있다.
- Ⓤ jeonjuits.go.kr/its/bus1.view

Tip. 전주시 시내버스 정기권
버스를 자주 이용한다면, 정기권을 구매하자. 1일권(5,500원), 2일권(10,000원), 30일권(46,000원)이 있다. 전주와 완주 두 곳에서 사용할 수 있으며, 1일권 구매 후 하루에 버스 4회 이상 이용한다면 1회당 버스 요금이 내려가 훨씬 합리적이다. 편의점 등에서 구매할 수 있으며, 구글 플레이스토어 전주시 정기권 앱을 통해서도 구매 가능하다.

★ Main Spot
L Library
S Shop
R Restaurant
C Cafe
D Dessert
B Bar
H Hanok Stay

MAP
—
Jeonju

1. JEONJU : 전주 개괄
2. NEW TOWN & INNOVATION CITY : 신시가지 & 혁신도시
3. THE OLD CITY CENTER : 원도심
4. DEOKJIN : 덕진 일대

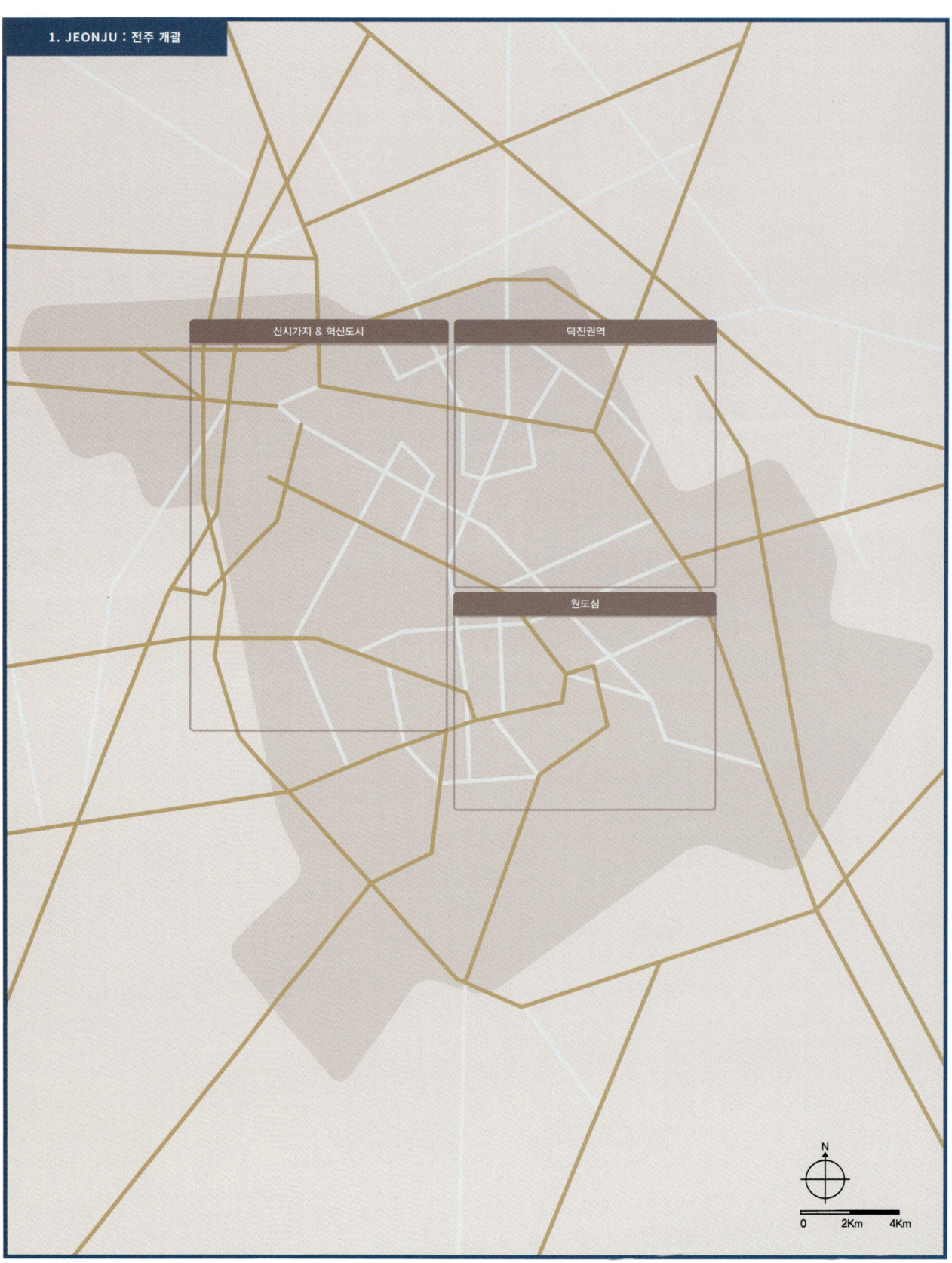

Writer
이지앤북스 편집팀

Publisher
송민지 Minji Song

Managing Director
한창수 Changsoo Han

Editors
황정윤 Jeongyun Hwang
안현진 Hyeonjin An

Designers
김혜진 Hyejin Kim
김영광 Youngkwang Kim

Illustrators
김조이 kimjoyyyy
이설이 Sulea Lee

Publishing
도서출판 피그마리온

Brand
EASY&BOOKS
EASY&BOOKS는 도서출판 피그마리온의 여행 출판 브랜드입니다.

EASY & BOOKS

트래블 콘텐츠 크리에이티브 그룹 이지앤북스는
2001년 창간한 <이지 유럽>을 비롯해, <트립풀> 시리즈 등
북 콘텐츠를 메인으로 다양한 여행 콘텐츠를 선보입니다.
또한, 작가, 일러스트레이터 등과의 협업을 통해 여행 콘텐츠
시장의 선순환 구조를 만드는 데 이바지하고 있습니다.

EASY & LOUNGE

이지앤북스에서 운영하는 여행콘텐츠 라운지 '늘NEUL'은
책과 커피, 여행이 함께하는 공간입니다. 큐레이션 도서와
소품, 다양한 이벤트를 통해 일상을 여행의 설렘으로 가득 채워
보세요.

서울 영등포구 선유로55길 11 1층
www.instagram.com/neul_lounge

Tripful

Issue No.24

ISBN 979-11-91657-06-7
ISBN 979-11-85831-30-5 (세트)
ISSN 2636-1469
등록번호 제313-2011-71호 등록일자 2009년 1월 9일
초판 1쇄 발행일 2022년 6월 27일

서울시 영등포구 선유로 55길 11, 6층 TEL 02-516-3923
www.easyand.co.kr

Copyright © EASY&BOOKS
EASY&BOOKS와 저자가 이 책에 관한 모든 권리를 소유합니다.
본사의 동의 없이 이 책에 실린 글과 사진, 그림 등을 사용할 수 없습니다.

* 본 도서는 전주시청의 협조 및 지원으로 제작되었으나,
  콘텐츠의 기획 및 제작은 출판사의 편집 방침에 따랐음을 밝힙니다.

www.easyand.co.kr
www.instagram.com/tripfulofficial
blog.naver.com/pygmalionpub

Tripful Local Travel Guide Books

① FUKUOKA

② CHIANGMAI

③ VLADIVOSTOK
Out of print book

④ OKINAWA

⑤ KYOTO

⑥ PRAHA

⑦ LONDON

⑧ BERLIN

⑨ AMSTERDAM

⑩ ITOSHIMA

⑪ HAWAII

⑫ PARIS

⑬ VENEZIA

⑭ HONGKONG

⑮ VLADIVOSTOK

⑯ HANOI

⑰ BANGKOK

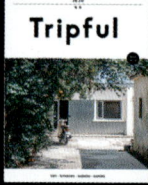
⑱ JEJU

⑲ HONGDAE, YEONNAM, MANGWON

⑳ WANJU

㉑ NAMHAE

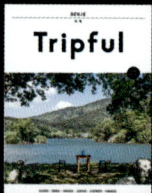
㉒ GEOJE

㉓ HADONG

㉔ JEONJU

EASY SERIES Since 2001 Travel Guide Book Series

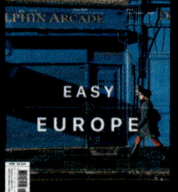
EASY EUROPE
이지유럽

EASY EUROPE SELECT5
이지동유럽5개국

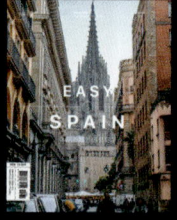
EASY SPAIN
이지스페인

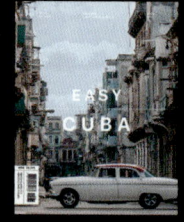
EASY CUBA
이지쿠바

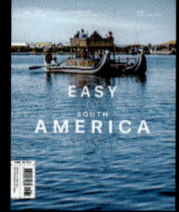
EASY SOUTH AMERICA
이지남미

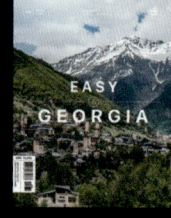
EASY GEORGIA
이지조지아

| EASY RUSSIA | EASY SIBERIA | EASY EASTERN EUROPE | EASY CITY BANGKOK | EASY CITY DUBAI | EASY CITY TOKYO |
| 이지러시아 | 이지시베리아 | 이지동유럽 | 이지시티방콕 | 이지시티두바이 | 이지시티도쿄 |

| EASY CITY GUAM | EASY CITY TAIPEI | EASY CITY DANANG | | | |
| 이지시티괌 | 이지시티타이페이 | 이지시티다낭 | | | |